DE **GOUDEN REGELS** VAN HET **SCHAAKSPEL**

Door Sander R. Smit

Dankbetuiging

Graag wil ik Harmen Mesker, Steven Sambell en Oscar Visser bedanken voor hun hulp en suggesties bij het samenstellen van dit boek. Zonder hun hulp en suggesties zou dit boek moeilijker zijn geweest en meer fouten hebben bevat. Het zou minder volledig zijn geweest en misschien ook iets minder leuk.

Inhoud

Koning en koningin vormen tezamen de twee meest belangrijke stukken op het schaakbord. Er was een tijd dat (in het westen) een koning nooit meer dan één koningin tegelijk kon hebben.

Voorwoord

Het schaakspel is één van de oudste spellen die we kennen. De regels zijn in de loop der tijd nogal eens gewijzigd, maar het spel zoals we dit nu spelen lijkt nog erg sterk op de varianten die in het midden-oosten ontstaan zijn. Het schaken is niet alleen een strijd met je tegenstander, maar ook met jezelf. Doe je een slechte zet en straft je tegenstander die af, dan is dat meestal een flinke deuk in je eigen ego. Veel mensen haken hierdoor ook weer af als ze het spel geleerd hebben. Het kan tot veel frustratie leiden als je voor staat, maar opeens je koningin van het bord geveegd wordt. Wie schaakt, moet goed tegen zijn verlies kunnen.

Hoewel niemand het spel ooit perfect zal beheersen, zijn er wel een aantal standaard regels die de kans kleiner maken dat je achter komt te staan. Door enkele kleine fouten te voorkomen kun je een betere positie houden op het bord in afwachting van een fout van je tegenstander. Ik heb deze 'handigheidjes' samengevat in 30 "Gouden Regels". Door je hier aan te houden zul je minder snel verliezen en vaker fouten van je tegenstander weten te herkennen. Het betekent niet dat je hiermee direct een grootmeester zal verslaan. Elke grootmeester kent en hanteert deze regels immers ook. De echte grootmeester kan ook inschatten wanneer de regels gebroken kunnen worden, door goed te snappen waarom ze er zijn. Het leren kennen en begrijpen van deze standaardregels is een goed begin voor succes in het schaken.

Ik wens je veel succes met het winnen van je volgende schaakpartij!

Sander R. Smit

De toren heet in het Engels een ''rook'', wat af komt van het perzische "rukh", wat strijdwagen betekent. In het Hindi werd de naam strijdwagen nog lang gebruikt, maar tegenwoordig heet het daar een olifant.

1. Het schaakspel

Het schaakspel bestaat uit een bord met 64 vakken en 32 schaakstukken, 16 witte en 16 zwarte stukken.

Zwart en wit hebben elk de volgende stukken in hun leger:

- 1 koning

- 1 koningin

- 2 torens

- 2 lopers

- 2 paarden

- 8 pionnen

Wit begint, dan weet je wellicht al. Om te bepalen wie met wit speelt, is het gebruikelijk dat één van de twee spelers een witte en zwarte pion in elk van zijn handen neemt en deze achter zijn rug een paar keer verwisselt tussen de twee handen. Dan houdt deze speler zijn handen op en de andere speler kiest een gesloten hand. De pion in die hand is de kleur waar de speler die kiest mee zal spelen.

Het paard is het enige stuk dat over andere stukken heen kan springen. In het Engels heet het stuk een ridder (knight) in plaats van een paard.

Een schaakbord bestaat uit 64 velden, 8 bij 8, om en om donker en licht gekleurd. Horizontaal spreken we van rijen, verticaal van kolommen. Linksonder is altijd een donker gekleurd veld. Als je met wit speelt is dit veld a1. Zit je aan de kant van zwart, dan is dit h8.

Laten we bij het begin beginnen. We plaatsen de stukken als volgt op het bord:

We beginnen op de eerste rij: Voor wit is dat rij 1, voor zwart is dat rij 8.

In het midden staan de koning en koningin. Wit plaatst zijn koningin links van de koning. Zwart doet dat rechts (vanuit zichzelf gezien, dus vanuit wit gezien is dat ook links). In beide gevallen staat zij dan op de D kolom op het veld van haar eigen kleur. Dat kun je onthouden aan één van de twee ezelsbruggetjes:

"<u>D</u> van <u>D</u>ame"

of

"<u>K</u>oningin behoudt <u>K</u>leur"

De torens komen op de hoeken, net zoals bij een kasteel de torens in de hoeken van het kasteel staan.

Naast de koning en koningin komen eerst de lopers oftewel in het engels bisschoppen. Deze engelse naam maakt de vorm van het stuk wat duidelijker, dit is een bisschopsmijter. Daarnaast komen dan de paarden.

Op de rij er voor plaatsen we 8 pionnen:

Dit is de eerste bescherming voor de waardevolle stukken er achter.

Onderschat de waarde van deze pionnen niet. Vaak maken ze aan het eind van de strijd het verschil tussen winst en verlies. Bovendien kan een pion die de overkant bereikt elk van de andere stukken worden (behalve de koning).

Als de stukken geplaatst zijn, ziet dat er als volgt uit:

Van bovenaf bekeken is dit de beginopstelling:

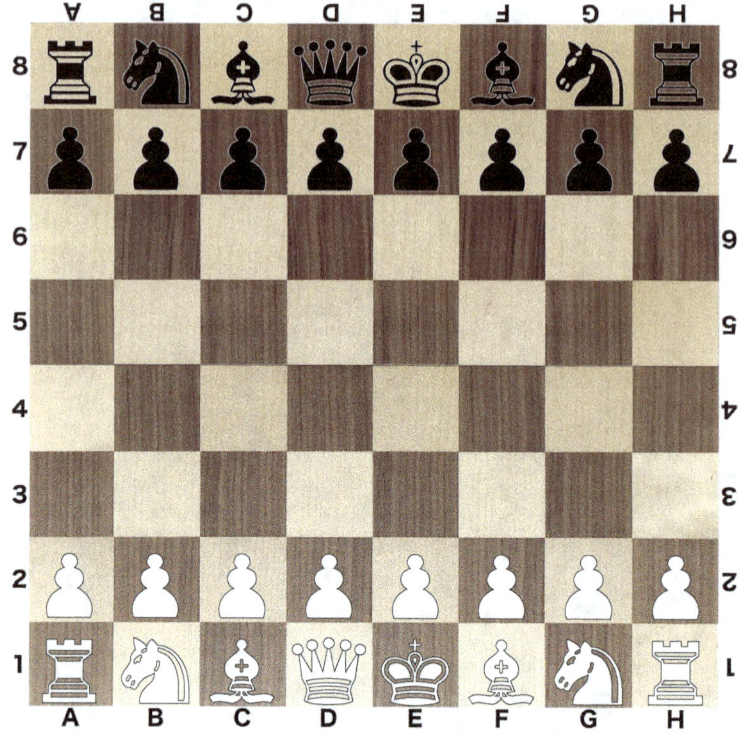

Let er op dat de koninginnen tegenover elkaar staan op de 'd' kolom en de lopers direct naast het koningspaar staan. Deze stukken verwisselen is de meest gemaakte fout. Let er verder op dat het veld linksonder voor beide spelers altijd donkergekleurd is, anders is het bord een kwartslag gedraaid. Is het bord voorzien van letters en cijfers dan speelt wit aan de '1' zijde en zwart aan de '8' zijde.

1.2 Doel van het spel

Tijdens het spel kun je de stukken van de tegenstander uitschakelen door ze te "slaan". We kwamen dit bij de pion al even tegen, die kan schuin "slaan" terwijl hij recht loopt. Bij alle andere stukken is "slaan" simpelweg het lopen naar het veld waar een tegenstander staat, volgens de normale beweegregels.

Het doel van het spel is de koning van de tegenstander "schaakmat" te zetten. In de meeste gevallen is dit bijna hetzelfde als dat je de koning daadwerkelijk zou "slaan", alleen eindigt het spel al voordat je de koning daadwerkelijk slaat. In oudere varianten van de regels mocht je de koning ook daadwerkelijk slaan, maar in de middeleeuwen vond men het in Europa niet gepast dat de koning daadwerkelijk geslagen werd.

Bijzondere aan de koning is dat deze niet "schaak" (dus aangevallen) mag blijven staan, je moet dit altijd oplossen. Anders zou men immers bij de volgende zet de koning kunnen veroveren. Je moet dus altijd een oplossing zoeken als je koning schaak staat.

Er zijn drie dingen die je kunt doen als je koning door een stuk van de tegenstander aangevallen wordt:

1. Weglopen: verplaats de koning naar een veld dat niet bedreigd wordt.

2. Blokkeren: plaats een stuk tussen de koning en het stuk dat aanvalt. Dit kan niet als een paard je koning aanvalt, een paard kan immers springen.

3. Slaan: het stuk van de tegenstander uitschakelen door met een van jouw stukken naar dat veld te bewegen

Kan je geen van drie oplossingen meer uitvoeren en sta je wel schaak, dan is het "schaakmat". In principe is het doel van het spel de ander zijn koning schaakmat te zetten, al zul je straks ontdekken dat er meer manieren zijn waarop het spel kan eindigen.

Belangrijk voor beginners is om je te realiseren dat de koning schaak zetten niet altijd nuttig is. Beginners zijn vaak geneigd wanneer ze de ander schaak kunnen zetten dat ze dat dan ook doen. Terwijl het vaak slimmer is om eerst ook andere stukken erbij te betrekken, zodat de schaak bijvoorbeeld leidt tot de winst van een stuk. Zomaar de ander schaak zetten zonder verder plan betekent vaak dat de ander er een stuk tussen kan zetten en dat andere stuk dan soms op een betere plek heeft staan dan daarvoor. Dan ben je de andere speler meer aan het helpen dan dwars zitten. Probeer dus alleen iemand schaak te zetten, als dat ook een ander doel. Bijvoorbeeld dat de ander niet kan "rokeren" (we leren straks bij de toren wat deze bijzondere zet is) of doordat je een ander stuk kan veroveren.

1.3 De koning

De koning is het meest waardevolle stuk. Verlies je de koning dan verlies je het spel. Hij mag vanuit zijn positie maar één stapje zetten, zowel horizontaal als verticaal. Hij mag zichzelf niet verplaatsen naar een positie waar hij schaak staat, zelfs niet als het stuk dat hem schaak zet niet kan bewegen. Een voorbeeld daarvan zie je rechts: De witte toren op e1 kan niet omhoog, want dan zou de toren op a1 de witte koning schaak zetten. Toch mag de zwarte koning nu niet naar e8. Je hebt maar één koning, dus wees er zuinig op!

"Toren" uit een Lewis Chessmen schaak set (replica), uit de vroege middeleeuwen, circa 790-990. De toren wordt ook wel een "bewaker" genoemd in deze set.

De toren is een makkelijk stuk om mee te spelen: De toren kan horizontaal of verticaal, zo ver als je wilt, zolang hij geen ander stuk tegen komt. Je kan niet over een ander stuk heen springen. Wel kan je op het veld van een tegenstander gaan staan en het stuk van je tegenstander veroveren. We hebben het stuk van de tegenstander dan 'geslagen'. Je begint met twee torens, links en rechts achter.

De torens kunnen nog iets bijzonders doen samen met de koning: rokeren. Een rokade kan je slechts éénmaal doen in het spel en enkel als de koning en de toren die samen rokeren beiden nog niet verplaatst zijn. Je kunt enkel rokeren als er geen stukken tussen de koning en de betreffende toren in staan, dus je zult altijd eerst paard en loper moeten verplaatsen en wellicht ook de koningin.

Ook mag de koning niet schaak staan wanneer je de rokade uitvoert. Als een vijandig stuk een veld aanvalt wat in het pad van de koning ligt mag je ook niet rokeren, maar wel als een vijandig stuk de toren aanvalt. Maar je mag wel rokeren als een vijandig stuk de toren bedreigt, dus het kan een goede manier zijn om de toren veilig te krijgen. Zoals met alle bewegingen mag de koning niet schaak komen te staan door de rokade.

Er zijn twee rokades mogelijk, aan de koningszijde, de korte rokade, genoteerd met 0-0, en aan de koninginnezijde, de lange rokade, genoteerd met 0-0-0. Bij de lange rokade geeft het niet als het vak g1 (voor wit of g8 voor zwart) aangevallen wordt, je mag dan rokeren.

De makkelijkste manier om te onthouden hoe je rokeert: Beweeg de toren tot naast de koning en spring dan met je koning over de toren.

De loper lijkt een beetje op de toren, alleen beweegt hij diagonaal (dus schuin) in plaats van horizontaal en verticaal. Ook de loper kan niet over een ander stuk heen springen. Op het eerste gezicht is er weinig verschil met de toren, maar het betekent wel dat het stuk altijd op zijn eigen gekleurde veld blijft. Een loper die op een donker veld staat, kan enkel op de donkere velden komen. Een loper die op een licht gekleurd veld staat, kan enkel op de lichtgekleurde velden komen. Ze kunnen dus maar de helft van het aantal velden op het bord bereiken, terwijl een toren elk veld kan bereiken. De lopers kunnen desondanks goed samenwerken, houdt dat altijd in gedachte. De lopers staan aan het begin links en rechts van de koning en koningin.

De koningin uit een Lewis Chessmen schaak
set (replica), uit de vroege middeleeuwen,
circa 790-990. De koningin houdt in deze
set een drink hoorn vast.

De koningin is het krachtigste stuk in het spel. Zij kan bewegen als een toren én als een loper, dus horizontaal, verticaal én diagonaal. Dat betekent dat zij heel snel ergens te hulp kan komen. Het enige dat zij niet kan is springen zoals een paard. Doordat zij zo krachtig is wordt zij wel vaak een doel van de aanvallen van de tegenstander. Wees dus voorzichtig met haar, zij is je meest waardevolle bezit (op de koning na). Probeer de koningin altijd in combinatie met andere stukken te gebruiken en breng haar niet te vroeg in het spel. Zorg dat eerst de andere stukken klaar staan om haar te ondersteunen.

Het paard uit een Lewis Chessmen schaak
set (replica) is een herkenbare vorm van
ruiter met zijn trouwe viervoeter

Een paard kan springen naar het dichtstbijzijnde, niet aangrenzende, tegenovergesteld gekleurde veld. Dat klinkt een beetje ingewikkeld en dat is het ook. Makkelijker is om te denken aan de vorm van de hoofdletter L: Het paard gaat altijd 2 horizontaal en 1 verticaal of 2 verticaal en 1 horizontaal, in de vorm van een L dus. Om makkelijker te zien hoe hij springt, is het handig om te onthouden dat hij altijd van kleur wisselt: Hij springt altijd van een lichtgekleurd naar een donkergekleurd veld en omgekeerd! Het paard is het enige stuk dat kan springen. Stukken tussen hem en zijn doel in beïnvloeden hem niet; hij springt er zo over heen! Je begint met twee paarden, ze staan direct naast de torens.

Pionnen zijn de zwakste stukken, maar
tezamen zijn ze sterk.

De pion is misschien wel het meest ingewikkelde stuk van het hele spel. Normaal loopt hij met maar één stapje tegelijk en enkel recht vooruit. Maar als de pion nog op de beginpositie staat, mag deze ook twee stapjes doen! Wees voorzichtig als je beweegt: Je kunt nooit meer terug met een pion!

Bij alle andere stukken gaat 'slaan' hetzelfde als lopen, maar niet bij de pion. De pion slaat altijd schuin (diagonaal) vooruit.

Je krijgt aan het begin maar liefst 8 pionnen, maar wees zuinig op deze stukken ook al heb je er veel.

Lopen: *de zwarte pion mag maar 1 stapje vooruit. De witte pion staat nog op zijn beginpositie, dus die kan 1 of 2 stapjes doen.*

Slaan: *Altijd schuin vooruit richting de tegenstander. Dat kan alleen als er op die velden een tegenstander staat*

Je ziet dat de pion al erg ingewikkeld is ten opzichte van de andere stukken, maar er is nog meer!

Een pion die de overkant bereikt verandert in een ander stuk. Je kunt elk ander stuk kiezen behalve de koning. Meestal kiest men de koningin, omdat dit het krachtigste stuk is en dus het makkelijkste. Maar soms is een paard ook handig.

Tot slot de lastigste regel van de pion: "En passant". Een pion die twee stapjes zet en bij dat tweede stapje naast een vijandige pion beland, kan door die vijandige pion geslagen worden in de 'tussenstap'. Dus bijvoorbeeld:

Wit is aan zet en dit is de beginpositie

Wit speelt de pion op b2. Hij kiest er voor twee stappen te zetten, dus naar b4

Zwart kan nu "en passant" slaan. Alsof het stuk heel even een stapje op b3 heeft gezet.

Je mag alleen de beurt direct nadat de tegenstander zijn pion verzet heeft "en passant" slaan.

Laat ze samenwerken. Losse pionnen zijn gemakkelijke doelwitten, maar een pionnen rij is samen zo veilig als de achterste pion.

Je ziet: de pionnen zijn wellicht het moeilijkste stuk op het hele schaakbord. Aan het eind van een schaakpartij (in het eindspel) zijn het meestal de pionnen waar een spel mee verloren of gewonnen wordt. Een slimme pion zet maakt dan nét het verschil.

1.9 Waarde van de stukken

De verschillende stukken van het schaakspel kunnen we ieder een relatieve waarde toekennen. Op die manier kunnen we gaan rekenen: Als ik mijn toren verlies, maar een pion en een loper daarmee bemachtig, is dat het dan waard?

Dit rekenen geeft enig houvast bij het beoordelen van een goede zet. Het is niet absoluut: de positie maakt immers ook verschil. Een pion voor de koning slaan is wellicht meer waard dan een pion die ver weg op een onbelangrijke plek staat.

De standaard waarde van de stukken is als volgt:

Koning	Koningin/ Dame	Toren	Loper	Paard	Pion
∞	9	5	3	3	1

Alle waarden zijn relatief aan de pion, die we een waarde van 1 toekennen. Maar denk er aan: een pion die de overkant bereikt, kan een koningin worden. Dus een pion op de voorlaatste rij kan weleens meer waard zijn dan de standaard waarde die we er aan toekennen. Ook is het zo dat in sommige gevallen lopers beter werken dan paarden, omdat ze een grotere afstand in één zet kunnen afleggen. Maar is het bord erg 'gesloten', waardoor de lopers moeilijk kunnen bewegen, dan is het paard wellicht meer waard dan een loper, omdat deze over andere stukken heen kan springen.

Als je enkel naar deze waarden kijkt, dan doe je jezelf te kort. Probeer ook altijd naar de totale positie te kijken. Soms kun je iets opofferen voor een positioneel voordeel dat groter is dan het verschil in waarde van de stukken. Maar zonder een duidelijk positioneel voordeel is het een handige, eenvoudige manier om te bepalen of je een stuk van jezelf voor die van de tegenstander wilt wisselen. Een loper of paard verliezen als je daarmee een toren wint van de tegenstander is het meestal waard bijvoorbeeld.

Bij het optellen van de waarden van de stukken moet je niet vergeten om iets af te trekken voor een positioneel nadeel, ook al in de vergelijking tussen de stukken. Twee lopers en een paard is samen 9 punten, net als de koningin. Maar de koningin is in haar eentje meestal toch in het nadeel tegen deze drie stukken. Dit omdat ze in haar eentje een kleiner bereik heeft. Bovendien kunnen ze van alle kanten op haar af komen en de drie stukken kunnen samenwerken.

Er is in de schaakwereld altijd veel discussie over wat bij een eindspel nu beter is: twee torens of een koningin. Het hangt erg van de positie af wat in de praktijk het voordeel heeft. Ook wordt weleens gesuggereerd om de lopers een iets hogere waarde te geven dan de paarden, wellicht 3,25 of zelfs 3,5 in plaats van 3. Zeker als je beide lopers hebt kunnen die een groot voordeel vormen. Niet alleen beslaan ze samen het hele bord, hun samenwerking kan heel effectief zijn. Het loper paar is samen dus wellicht meer waard dan de optelling van de twee losse lopers.

Neem het rekenen altijd met een korreltje zout. Gebruik ook je intuïtie over de positie. Hoe meer je speelt, hoe beter die intuïtie wordt.

1.10 Notatie van het spel

Als je net begint met schaken dan is de naamgeving van de velden op zich niet zo belangrijk. Maar als je wilt noteren hoe een partij verloopt, is het wel erg handig. Dat noteren gaat als volgt:

Bij een pion schrijven we enkel het veld op waar hij naartoe gaat, dus begin je het spel bijvoorbeeld door de witte pion die op d2 staat naar d4 te zetten, dan schrijf je enkel "d4" op. Bij de andere stukken schrijf je de eerste letter er voor van de naam van dat stuk. Alle stukken heten in elke taal weer anders. Soms is de eerste letter dan hetzelfde van twee stukken. Dan wordt er een alternatieve letter gezocht. In het Nederlands kennen we de volgende stukken:

Koning	Koningin/ Dame	Toren	Loper	Paard	Pion
K	**D**	**T**	**L**	**P**	

Omdat in het Nederlands de naam koning en koningin hetzelfde zijn, gebruiken we de D van de alternatieve naam "Dame" voor dit stuk. Sommige spelers staan er dan ook op om dit stuk in het Nederlands dame te noemen. De naam koningin is echter gebruikelijker voor dit stuk en wellicht ook logischer: Het is immers de vrouw van de koning, dus de koningin en niet zomaar een dame. Maar voor de notatie in het Nederlands zul je wel de letter D moeten gebruiken. In dat geval is het misschien ook handiger om het stuk consequent dame te noemen. Het woord "dame" is ook gelijk in andere Europese talen, zoals het Duits en Frans, wat in het verleden een belangrijke overweging was toen die talen internationaal een belangrijke positie hadden.

Aangezien veel schaakliteratuur, maar ook andere media, tegenwoordig Engelstalig is, geef ik zelf er de voorkeur aan om mijn notatie altijd in het Engels te doen. Dit kun je zelf kiezen. Denk er aan dat internationaal de Engelse notatie soms ook verplicht is, ook om die reden kan het makkelijker zijn om altijd in het Engels te noteren. Maar dit is je eigen keuze.

King	Queen	Rook	Bishop	Knight	Pawn
K	**Q**	**R**	**B**	**N**	

Zoals je ziet is er ook in het Engels een tweede stuk met een beginletter k, de Engelsen hebben er voor gekozen om hier de tweede letter van het stuk te gebruiken, dus voor "Knight" gebruik je in dat geval de letter N. Let op dat er op het gebruik van het woord "horse" voor dit stuk erg op neergekeken wordt. Dit doet denken aan kinderen die de namen nog niet goed kennen. Vanuit het Nederlands is het echter een snel gemaakte vergissing.

Zou je het witte paard bij de eerste zet bewegen naar het vak b3, dan noteer je dat als "Pb3" in het Nederlands of "Nb3" in het Engels.

Als een stuk geslagen wordt dan gebruiken we een kruis om dat aan te geven "x". Stel dat er op het veld b3 een zwart stuk staat, en je verplaatst je witte paard naar dit veld, dan "sla" je dit stuk en noteer je "Pxb3" of "Nxb3", wat je uitspreekt als "Paard slaat b3" of "Knight takes b3". Bij een pion die slaat noteren we altijd begin en eindkolom, bijvoorbeeld "axb3".

Verder kun je de koning "schaak" zetten. Dat is als een stuk dusdanig staat dat het de volgende beurt de koning dreigt te slaan. Soms zou het stuk niet daadwerkelijk kunnen slaan zoals we in het hoofdstuk over de koning zagen, maar dat maakt niet uit voor het 'schaak' staan. Iemand moet die schaak ook dan oplossen en we noteren ook dan het als schaak. Schaak noteren we met een + achter de notatie. Dus bijvoorbeeld "Pb3+" of "Nb3+" als de zwarte koning op c5 zou staan (Hoe het paard beweegt zullen we zien in het volgende hoofdstuk, maar het zou naar veld c5 kunnen springen).

In sommige gevallen is enkel het noemen welk stuk waarheen gaat onvoldoende, bijvoorbeeld als twee stukken beiden hetzelfde veld kunnen bereiken. In dat geval noemen we ook de begin kolom erbij. Bijvoorbeeld in de volgende situatie:

Het paard op c4 en het paard op e4 kunnen beiden de velden d1 en d5 bereiken. Stel 1 paard springt nu naar veld d5, dan noteren we bijvoorbeeld "Ncd5" (of "Pcd5" in het Nederlands). Daardoor weten we dat dit het paard van de c kolom was. In een heel enkel geval moeten we óók het cijfer er nog bij noteren. Stel er is in de voorgaande situatie een derde zwart paard op c7. Dit paard kan ook d5 bereiken. Dan noteren we "Nc3d5" of "Pc3d5". Met de volle notatie kan er geen misverstand meer bestaan over welk paard er verplaatst werd. Dit laatste kan alleen voorkomen als een pion gepromoveerd is naar een paard en is dus vrij uitzonderlijk.

De promotie van een pion als deze de overkant bereikt doen we met het '=' teken en erachter welk stuk het naar gepromoveerd is. Bijvoorbeeld "a1=Q" (of "a1=D" in het Nederlands).

Een bijzondere zet die we kunnen doen is de rokade: hierbij verplaatsen we zowel de koning als een toren in één zet. Bij de uitleg over de toren staat hoe je die zet doet en wanneer je die mag doen. De notatie is 0-0 voor de korte (koningszijde) rokade en 0-0-0 voor de lange (koninginnezijde) rokade.

Tot slot kunnen we de tegenstander ook nog schaakmat zetten. Het spel is dan over. We noteren dit met een hekje #, bijvoorbeeld "a4#" als de pion naar a4 de koning schaakmat zou zetten.

Ik raad aan om ook als je net begint van zoveel mogelijk spellen notities te maken. Achteraf kun je het spel dan naspelen op de computer en kijken welke zetten je beter had kunnen doen. Dat is erg leerzaam. Speel je online dan maakt de computer de notities voor je, die kun je dan vaak opslaan in een ".pgn" (Portable Game Notation) bestand. Ook bieden de meeste online platformen een analyse optie, soms betaald. Het is erg leerzaam om die te gebruiken zodat je leert wat je beter had kunnen doen.

1.11 Samenvattend

Samenvattend zijn dit alle stukken, hun waarden en hun bewegingen:

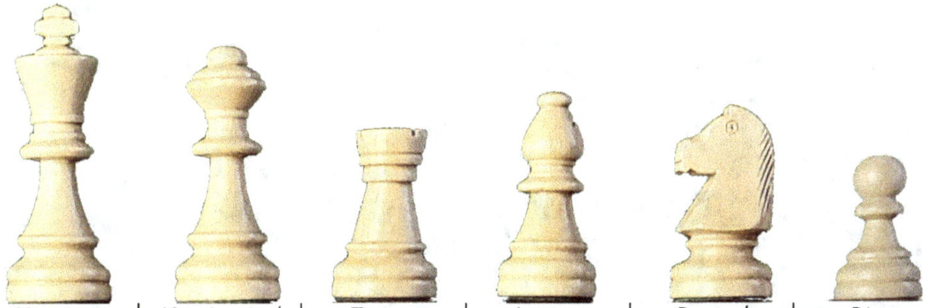

Koning	Koningin/ Dame	Toren	Loper	Paard	Pion
♚	♛	♜	♝	♞	♟
∞	9	5	3	3	1

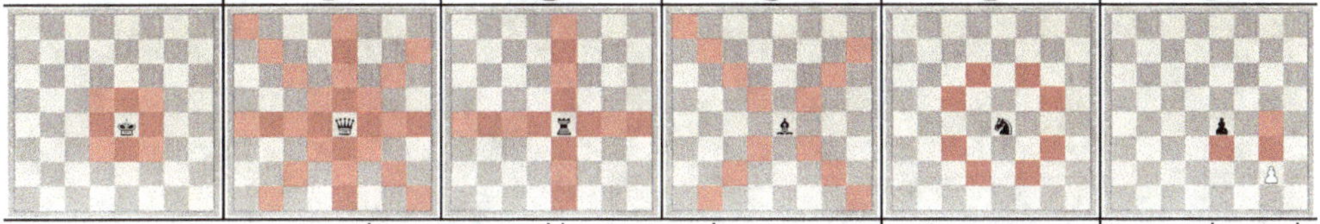

Beweegt maximaal tot aan een veld met een stuk.				Springt over stukken.	Kan niet lopen als er een stuk voor staat.
Slaan: zoals het stuk loopt of springt.					Slaat diagonaal 1 stap naar voren. Bijzondere regel is "en passent" slaan. Kan promoveren als de pion de overkant bereikt.

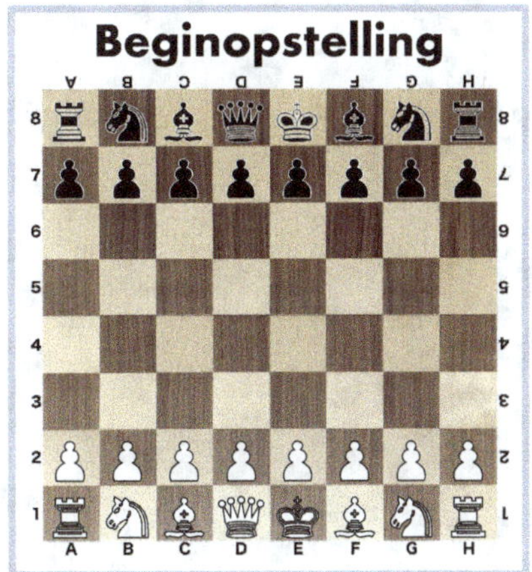

Beginopstelling

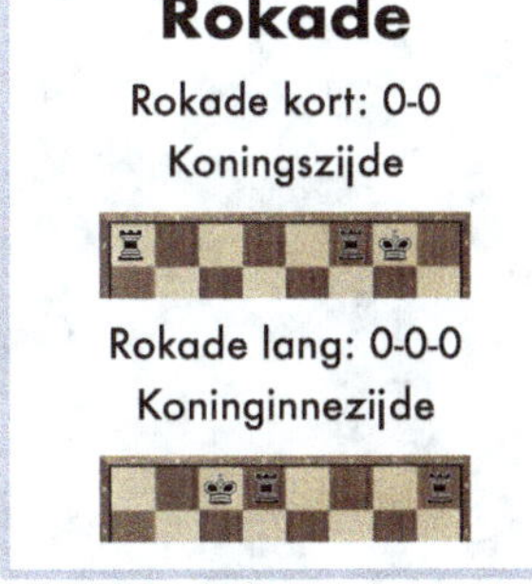

Rokade

Rokade kort: 0-0

Koningszijde

Rokade lang: 0-0-0

Koninginnezijde

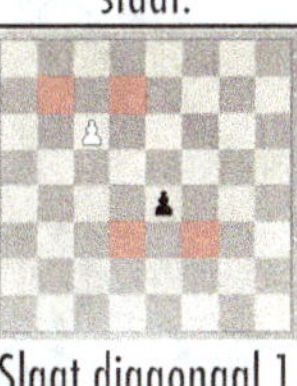

Houdt deze pagina de eerste partijen naast het bord als hulp voor jou en je tegenstander

1.12 De spelregels

De regels van het schaken zijn niet altijd overal gelijk. In de geschiedenis zijn de regels veel veranderd. Vroeger mocht bijvoorbeeld de koningin niet zo ver lopen als nu, zoals wij het nu spelen met de machtige koningin werd lang naar gerefereerd als "snelschaak", omdat een potje op die manier korter duurde.

Zoals gezegd is het doel in principe om de ander zijn koning schaakmat te zetten. Vaak eindigt een spel echter niet in schaakmat, bijvoorbeeld omdat de tegenstander eerder al ziet dat de situatie hopeloos is en op geeft.

Een tweede manier waarop het spel kan eindigen is als de koning niet schaak staat, maar de speler die aan de beurt is ook geen geldige zet meer kan doen. Bijvoorbeeld omdat diens pionnen niets kunnen slaan en niet naar voren kunnen, en de koning geen veilig veld meer om zich heen heeft. In dat geval is het "pat", gelijkspel.

Er is nog een manier waarop het gelijkspel kan worden: Als er niet genoeg stukken meer zijn aan beide kanten om de ander gedwongen schaakmat te kunnen zetten. Je kunt de ander niet meer gedwongen schaakmat zetten als je enkel nog hebt:

1. Alleen de koning

2. Alleen de koning en een loper

3. Alleen de koning en een paard

Heb je allebei een van deze drie mogelijkheden, dan is het ook pat.

Er is nog een vierde manier waarop het pat kan worden: Door een eindeloze herhaling van zetten. Wordt er 3 maal achter elkaar hetzelfde gespeeld, dan kan een speler ook gelijkspel opeisen. Bijvoorbeeld als de koning schaak wordt gezet door een stuk, en nog maar 1 veilig veld heeft om naar toe te gaan. De andere speler verplaatst het stuk waarmee hij de koning schaak zette naar een veld waar hij de koning opnieuw schaak zet en het enige wat de koning kan doen is terug gaan naar het eerdere veld. Wordt dit drie keer herhaald, dan kun je gelijkspel opeisen. Sowieso kan je ook altijd gelijkspel voorstellen aan je tegenstander. Gelijkspel door pat of door herhaling van zetten noemen we ook wel remise.

Tot slot kun je verliezen door op te geven. Doe dit niet te snel als je achterstaat, maar ga ook niet eindeloos door als het spel volkomen verloren is.

Een belangrijke regel waar je vooraf afspraken over moet maken is het aanraken van een stuk. Vaak wordt er gespeeld met de regel dat indien je een stuk aan raakt, dit stuk ook moet verzetten. Zodra je het stuk los laat is dit de zet die gespeeld is. Dit heet in het Engels "Touch move". Ook kennen we "clock move", dat betekent dat je wel nog van gedachte mag veranderen en de zet pas definitief is als er op de klok gedrukt is. Uiteraard kan dit laatste alleen als er een klok gebruikt wordt. Overigens geldt voor die klok ook meestal de regel, dat je die bedient met dezelfde hand als waarmee je je stuk verplaatst.

Vroeger was het zo dat als je een foutieve zet gedaan had, je het spel direct gewonnen had. Tegenwoordig krijgt de tegenstander vaak extra tijd als dit gebeurd en wordt de positie terug gezet naar hoe die was voordat de fout werd gemaakt. Dit soort regels verschillen per toernooi. Als je mee doet aan een toernooi, zorg dan altijd dat je vooraf de regels goed door neemt, zodat hierover geen misverstanden kunnen ontstaan.

1.13 De 3 fases van het spel

Een potje schaak bestaat in principe uit 3 fases:

- Opening

- Middenspel

- Eindspel

De opening is de fase vanaf de beginopstelling tot aan het moment waarop beide spelers hun lopers en paarden verplaatst hebben naar betere velden. We noemen dit verplaatsen vanaf de beginpositie "ontwikkelen". Theoretisch kun je natuurlijk ook die stukken laten staan en eerst de torens en koningin in het spel brengen, maar meestal is dit niet verstandig. Begin altijd met de paarden en lopers en enkel pionnen te verplaatsen. Hebben beide spelers dit gedaan dan gaan we naar het middenspel. In de opening kan vaak een klein voordeel behaald worden op de andere speler door de beste zetten van een opening uit het hoofd te leren. Er zijn veel boeken die goede openingen voor wit en zwart beschrijven. Ook zijn er bepaalde minder goede openingen die toch populair zijn: De zogenaamde gambiet openingen. Dit zijn openingen die theoretisch een achterstand veroorzaken voor de speler die deze speelt, maar als de andere speler die opening niet kent zal deze waarschijnlijk dit voordeel niet weten te benutten en in de val lopen. Dit soort openingen geven dus de kans op een snel voordeel, maar het risico op een nadeel als de andere speler de juiste zetten speelt. Alle openingen hebben namen. Meestal namen van plaatsen of personen. Een goede degelijke opening om te leren voor beginners is "The London System". Een leuke gambiet om te leren is "The Stafford Gambit". Namen van openingen duid ik aan in het Engels, aangezien het op die manier makkelijker is om op het internet meer informatie er over te vinden.

Het middenspel is het moment waarop beide spelers enkele belangrijke stukken van hun beginposities hebben verplaatst en elkaar gaan aanvallen. In deze fase zullen er vaak uitwisselingen plaatsvinden: Ik sla jouw paard met mijn loper, en mijn loper wordt daarop weer geslagen door jouw pion. In dit middenspel valt vaak een voordeel te behalen als je goed rekent bij een complexe uitwisseling van stukken.

Zijn de meeste grote stukken van het bord dan komen we bij het eindspel. Er zijn dan meestal nog enkel maar de koningen, enkele pionnen en één of twee grotere stukken. Welke er nog zijn kan een hoop verschil maken voor het eindspel. Een loper van de verkeerde soort veld kleur kan een pion waarschijnlijk niet tegenhouden die op weg is naar een eindveld van de andere kleur. Een toren of koningin is in het eindspel vaak een groot voordeel. Het is belangrijk in dit deel van het spel dat de pionnen elkaar nog kunnen verdedigen, dus je houdt ze liever aan elkaar verbonden dan los. Dubbele of driedubbele pionnen (dus op dezelfde kolom) is hier een ernstig nadeel, omdat je ze moeilijk kan bewegen en ze allemaal naar hetzelfde eindveld gaan, dus het is gemakkelijker verdedigen voor de ander.

Vaak verdwijnen aan het eind ook de laatste grotere stukken en blijf je achter met enkel de twee koningen en enkele pionnen. Het aantal pionnen kan dan een groot verschil maken, de speler met 1 pion meer heeft vaak een aanzienlijk grotere kans op de overwinning. Die pion kan immers een koningin worden. Wees daarom in de eerdere fases van het spel zuinig op elke pion: zie elke pion als een potentiële koningin! Bij beginnende spelers zit de winst overigens meestal niet in het eindspel, maar eerder in een blunder in de opening of het middenspel. Oefen die twee eerst.

1.14 Schaken: spel van tijd

Tijd is een belangrijke factor in het schaakspel. Soms zie je een schaakklok, maar dat is niet het soort tijd dat ik hier bedoel. De schaakklok beperkt de tijd die elke speler kan denken.

Er is een andere vorm van tijd, zelfs als je zonder klok speelt: Elke zet is een tijdselement. Om de beurt doe je zetten. Vooral tijdens de opening, maar soms ook op andere momenten, is deze tijd in de vorm van zetten van het grootste belang. We spreken dan van tempo. Dit is dus ook een vorm van tijd, maar een vorm in zetten in plaats van seconden. Bijvoorbeeld in de volgende situatie:

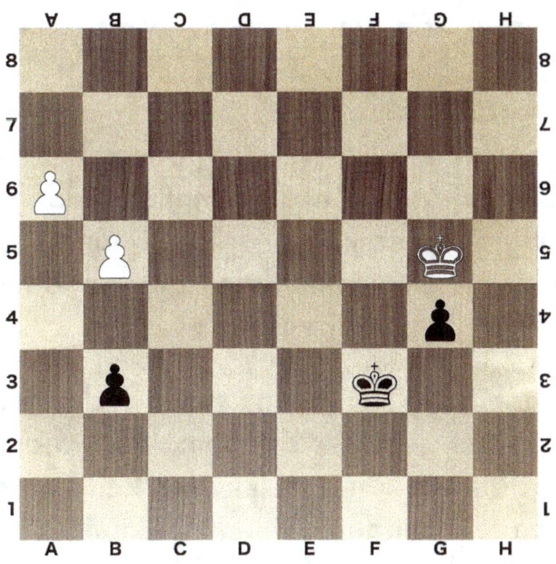

Het is een gelijke situatie qua materiaal: Beide spelers hebben elk nog twee pionnen en hun koning. Als beide spelers exact juist spelen, is het gelijkspel. Maar één verkeerde zet en de ander heeft de winst.

De twee witte pionnen dreigen beide snel te promoveren, maar bij zwart ook! De zwarte koning kan niet de g4 pion verlaten, hij kan nooit de promotie van de witte stukken voorkomen. Het beste wat hij kan doen is de b pion bewegen zo snel hij kan. De zwarte b pion zal eerder promoveren dan de witte pionnen. De enige kans voor wit is om de a pion te promoveren de volgende zet, dus wit moet die wel zetten, zijn koning is te ver weg. Door dat te doen komt de zwarte koning schaak te staan. Beiden blijven op die manier gelijkwaardig. Doet één van beiden een andere zet, waarbij de één eerder een koningin heeft dan de ander, dan heeft de speler met de koningin zo goed als zeker gewonnen.

Ook in de ontwikkelingsfase is tempo erg belangrijk. Heeft jouw tegenstander al enkele belangrijke stukken op goede strategische plekken staan en jij nog niet, dan sta je mogelijk al flink achter zonder dat er ook nog maar een stuk geslagen is. De opening gaat op die manier grotendeels om "snelheid", al hoef je de zetten natuurlijk niet snel uit te voeren. Probeer daarom elke zet zo optimaal mogelijk te doen: Zorg dat het stuk dat je verplaatst het liefst niet onnodig nog een keer verplaatst hoeft te worden. Plaats het op een goede plek waar het later van pas komt en toch veilig staat, met ruimte om te bewegen.

Door schaakopeningen te leren kun je de kennis van vele grootmeesters op het gebied van optimale bewegingen snel tot je nemen, zonder dat je alle mogelijkheden zelf hoeft uit te denken. Door eindspellen te bestuderen kun je de optimale zetten aan het eind leren, waarbij het tempo dus ook erg belangrijk is. Maar vergeet de "tijd" ook niet tijdens het middenspel. Door slim te spelen kun je soms je tegenstander dwingen heen en terug te bewegen zonder dat zijn positie beter wordt, terwijl je eigen stukken onderhand naar betere posities bewegen. Zoek in het middenspel naar dergelijke mogelijkheden om je positie te verbeteren.

2. De Gouden Regels

De "Gouden Regels" zijn een set aan wijsheden die in tegenstelling tot de spelregels niet verplicht zijn, maar wel verstandig om te volgen. Je zult zien dat grootmeesters deze regels met regelmaat breken om een voordeel op hun tegenstander te krijgen. Bedenk wel dat zij dat enkel doen als ze heel zeker weten daar een bepaald voordeel uit te halen. Als een dergelijk voordeel er niet is, is het waarschijnlijk verstandig om deze basisregels te volgen. Op die manier kun je een degelijke, veilige positie behouden. Je kunt dan zelfs tegen ervaren spelers een goede partij spelen en afwachten tot zij een fout begaan.

Door deze Gouden Regels te bestuderen leer je ook de fouten van de tegenstander eerder te herkennen en te benutten. Bij iedere zet van de tegenstander kijk je of de tegenstander één van de regels breekt. Als dit gebeurd, bedenk waarom dat ook alweer niet handig is. Op die manier zul je sneller een partij winnen en is de kans op verlies veel kleiner.

Regel 1: Vraag je af "Waarom"

Bij elke zet die de ander doet, moet je proberen in diens gedachten te kijken: waarom doet de ander dit, wat probeert diegene daarmee te bereiken? Het is soms verraderlijk om enkel bezig te zijn met je eigen stukken en je doel.

Ga er van uit dat met elke zet die de ander doet, diegene een plan heeft. Bij een sterkere speler is dit plan vaak wat complexer: Deze zet zijn stukken op sterke posities waarvandaan meerdere aanvallen nog mogelijk zijn. Kijk daarom verder dan de eerste verklaring op de vraag "waarom". Soms heeft één zet meer dan één betekenis. Zo kan men bijvoorbeeld een pion naar voren bewegen en met die pion een ander stuk bedreigen, maar tegelijkertijd een loper achter die pion ook vrij baan geven.

Als je een antwoord hebt op "waarom", is de volgende vraag "zijn er nog meer redenen?". Zeker bij een wat sterkere speler. Stel dat de ander een stuk opoffert, bedenk je dan ook goed of het slaan van dat stuk niet een verdediger van jou weghaalt bij een ander stuk.

Wat ook soms kan gebeuren is dat bijvoorbeeld jouw koningin "vast" kan komen te zitten aan je koning. Je mag immers niet een zet doen waarmee je jezelf schaak zet. Dus als jouw koningin op een plek komt waar de toren van de tegenstander de koningin aanvalt, maar jouw koningin niet weg kan omdat je koning er achter staat, dan heb je een probleem. Hopelijk kun je de toren nog slaan, maar als de toren van de tegenstander gedekt wordt door een ander stuk, dan ben je wellicht alsnog je koningin kwijt. Probeer dit soort situaties dus voor te zijn.

Omgekeerd kan je dit dus ook benutten. Doe een zet om een

verdediger weg te lokken of de koning en koningin op één lijn te krijgen waardoor je de koningin kan veroveren met een loper of toren. Je kunt dan best een loper of paard opofferen, of misschien zelfs wel een toren. Als jouw tegenstander nog niet bij elke zet zich afvraagt "waarom" maar gretig het "gratis" stuk neemt, dan kan je diegene daarmee in de val lokken.

Oefenopgaven:

Een voorbeeld (uit "The Stafford Gambit"): zwart sloeg zojuist onze witte pion op e4: Zwart lijkt hier zowel zijn paard als koningin op te offeren, maar waarom?

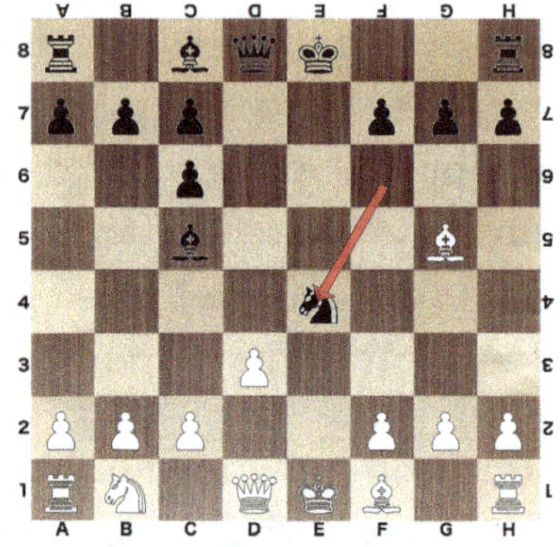

Vraag 1: Wat gebeurt er als we de koningin slaan met onze loper op g5?

Vraag 2: Wat gebeurt er als we het paard slaan met de pion op d3?

Vraag 3: Wat is de beste zet die we hier kunnen doen? Dit is een lastige opgave!

Regel 2: Verover het midden

In schaak zijn de middelste vier velden van het bord het allerbelangrijkste:

Probeer daarom vanaf het begin de macht te krijgen over deze velden. Het meest gebruikelijke bij schaken is dan ook om te beginnen als wit met de zet d4 of e4. Door een pion daar te plaatsen claim je meteen één van de velden en bedreig je het veld er schuin tegenover.

Die strijd om het midden is belangrijk, omdat stukken in het midden het meeste kracht en bereik hebben. Een paard in het midden kan 8 velden bereiken, terwijl een paard op de rand maar 4 velden kan bereiken. Een paard in de hoek van het bord kan zelfs maar 2 velden bereiken.

Vaak is vanuit het midden ook een goede plek om een aanval te beginnen, ook daarom is het belangrijk. Schuin voor een pion op het midden kan een goede uitvalspositie zijn om een paard of loper te plaatsen terwijl andere stukken via links of rechts erbij komen om een gezamenlijke aanval op de koning te doen.

Oefenopgaven:

Vraag 4: Wat zijn de twee meest gebruikelijke eerste zetten? Waarom juist die?

Vraag 5: Wat is de meest gebruikelijke tegenzet van zwart op die beide zetten?

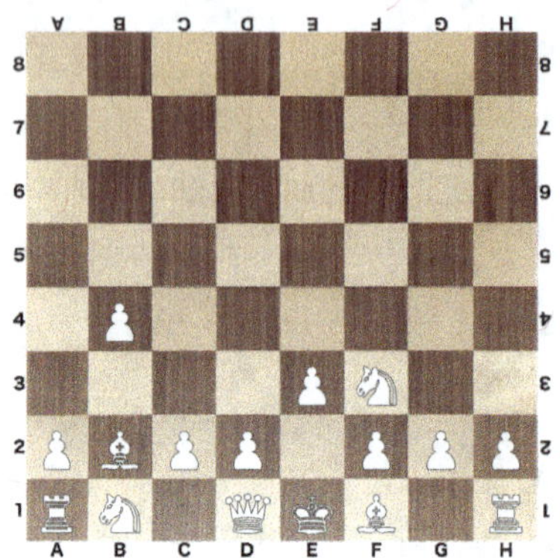

Vraag 6: Links zijn gebruikelijke eerste stappen van de Poolse opening gespeeld. De zwarte stukken houden we hier even buiten beschouwing en zijn in het diagram daarom weggelaten. Deze opening is een ongebruikelijke "flankspel" opening. Dat is een opening waarbij men niet begint met de middelste pionnen, maar over de flank probeert aan te vallen. Ondanks dat het een flankspel opening is, probeert ook deze opening controle over het centrum te krijgen.

Welke stukken vallen de middelste vier velden van het bord aan na deze eerste 4 stappen?

Regel 3: Lopers & paarden, dan de torens

Het is bij de opening heel belangrijk dat je niet achter gaat lopen in de ontwikkeling van je stukken ten opzichte van je tegenstander. Stel dat de ander al meerdere stukken op goede strategische plekken heeft staan, terwijl je zelf net drie keer hetzelfde paard verplaatst hebt. Dan kun je verwachten dat die ander een sterke aanval met die gezamenlijke stukken kan uitvoeren, terwijl je niet klaar bent om je daar goed tegen te verdedigen. Het beste is om eerst de twee lopers en de twee paarden van hun beginposities te krijgen voordat je aan de slag gaat met de meer waardevolle stukken (de torens en de koningin).

Uiteraard zul je wel enkele zetten met een pion moeten maken om de lopers ruimte te geven om te bewegen, maar probeer die bewegingen met de pionnen beperkt te houden zolang de paarden en lopers nog niet ontwikkeld zijn.

Een handige manier om te leren hoe te ontwikkelen is om bijvoorbeeld "The London Systeem" te leren voor wit. Spelen met zwart is meer reageren op wat de tegenstander doet en trachten hem bij te houden, al zijn er ook voor zwart goede openingen om te leren, zoals bijvoorbeeld "The Dutch Defense". Vooral voor wit is het belangrijk om in elk geval één opening goed te kennen, omdat je dan het voordeel kan behouden van die ene eerdere zet die wit doet.

Om je in elk geval bekend te maken met één goede opening, zal ik hier de beginpositie beschrijven. Uiteraard zijn er veel meer details belangrijk, maar het is een begin. Daarmee kun je de eerste 6 of 7 stukken dan snel en goed spelen. Bij "The London System" probeer je in principe de stukken in de volgende posities te krijgen:

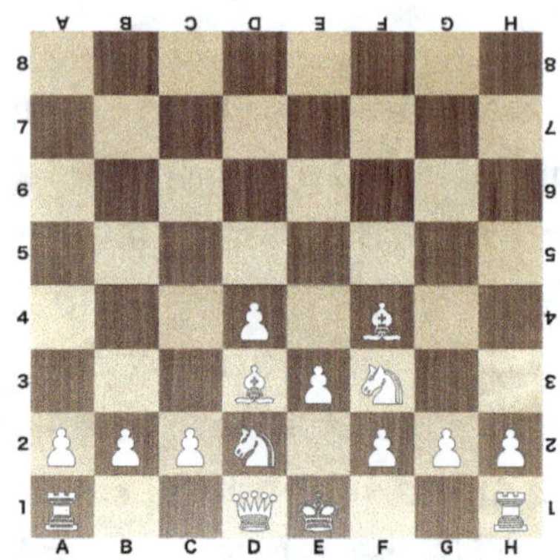

De eerste zet is altijd pion naar d4, daarna loper naar f4, dan pion e3 om die twee te verdedigen. Die pion e3 kan pas nadat de loper op f4 staat, omdat dit zijn weg blokkeert. De positie van de tweede loper is d3 en de positie van de twee paarden is onder die lopers. In welke volgorde je die laatste 3 stukken ontwikkelt is meestal niet belangrijk. Afhankelijk van wat je tegenstander doet moet je soms je d4 pion verdedigen, doe dit met pion naar c3 in dat geval. Soms zal je f4 loper aangevallen worden door de zwarte loper, zet hem dan op g3 en als hij geslagen wordt, sla dan met pion h2.

Oefenopgaven:

Vraag 7: Noem de eerste drie stukken op volgorde die je met "The London System" speelt uit je hoofd. Noem de velden waar ze heen gaan.

Vraag 8: Naar welke drie velden gaan de volgende 3 stukken? Welk stuk waar?

Regel 4: Verplaats een stuk geen 2 keer

Belangrijk, zeker bij de opening, is om te proberen om elk stuk slechts één keer te bewegen indien mogelijk. Probeer dus een zet te doen, waarbij de tegenstander je niet direct kan bedreigen. Of waarbij je de bedreiging kan oplossen door een extra stuk te ontwikkelen.

Als je bedreigd wordt, dan is het dus ook altijd handig om niet meteen weg te vluchten met je stuk, maar om goed te kijken of je in plaats van wegvluchten wellicht een extra stuk kan ontwikkelen naar een plek waar deze het andere stuk dekt of de dreiging opheft door er tussen te gaan staan.

Met het paard zul je soms wel eens twee sprongen moeten doen om deze op het gewenste veld te krijgen. Probeer als het kan te kijken of je het dan kan verdelen, spring bij de eerste sprong naar een veilig veld, beweeg daarna een stuk aan de andere zijde van het bord en doe dan pas de tweede sprong met het paard. Dat verdeelt de aandacht over het hele speelveld en leidt wellicht de tegenstander ook af.

Natuurlijk als er direct een mooie tactische zet mogelijk is (zoals bijvoorbeeld een pin of vork zoals beschreven in regel 20 en 21) moet je die niet laten lopen enkel om deze regel netjes te volgen, maar als er geen goede reden is om twee maal achter elkaar hetzelfde stuk te bewegen, doe het dan niet.

Zie de stukken gezamenlijk als één groot leger, dat tezamen ten strijde trekt. Elk doet om de beurt een zet richting de tegenstander en gezamenlijk als één groot leger komen ze dan bij de vijand aan.

Vraag 9: Wat is een betere zet voor wit om deze opening te vervolgen: loper naar d3 of loper naar b5+? Waarom?

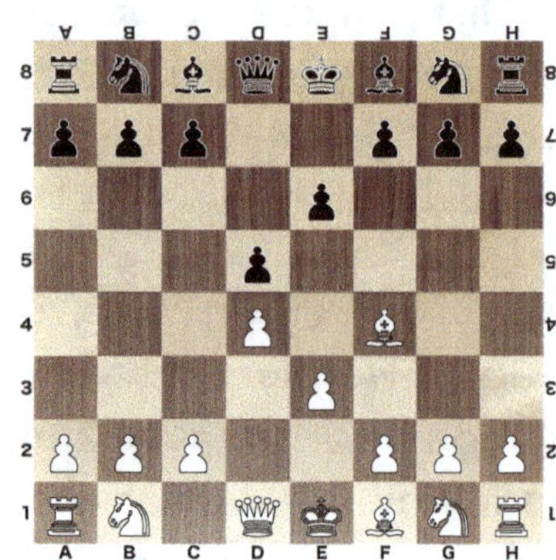

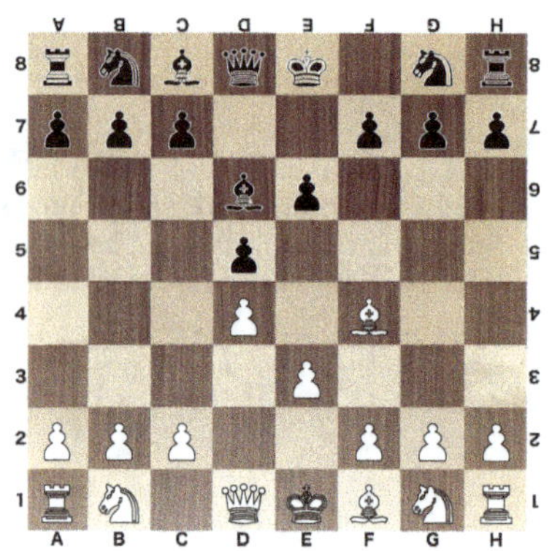

Vraag 10: We willen met een van onze twee lopers spelen, welke kunnen we het beste zetten: loper f1 naar d3, of loper f4 naar g3?

Regel 5: Zet een paard nooit op de rand

Een paard op de rand beheerst veel minder velden dan een paard in het midden. Een paard in het midden kan naar maar liefst 8 velden toe springen:

Een paard op de rand naar slechts 4 velden:

En een paard in de hoek zelfs maar naar twee!:

Zet een paard daarom nooit op de rand, maar in het midden. De Engelsen hebben een gezegde "A knight on the rim is dim" oftewel een paard op de rand is zwak. Weinig velden om naar toe te bewegen betekent:

- weinig velden dat het verdedigt

- weinig velden dat het aanvalt

- weinig mogelijkheden om te ontsnappen.

Je paard verdient de ruimte!

Oefenopgaven:

Vraag 11: Hoeveel velden kan het paard op b2 bereiken, dus 1 veld van de beide randen af?

Vraag 12: Hoeveel velden kan het paard op c3 bereiken?

Regel 6: Sla naar het midden

Als je een stuk op meerdere manieren kan slaan en ze lijken gelijkwaardig, sla dan altijd richting het midden. Op die manier krijg je meer controle over het belangrijke centrum van het bord.

Bijvoorbeeld:

Zwart sloeg zojuist onze loper op g3 met zijn loper. We kunnen terug slaan met zowel pion f2 als h2. Het beste kunnen we hier terug slaan met pion h2, zodat we ons centrum verder versterken.

Soms kan er een goede reden zijn om wel de andere pion te kiezen: Bijvoorbeeld omdat er een toren onder zou staan die meteen op een vrije kolom komt te staan. Kijk dus ook goed hoe de stukken verder staan. Maar is de situatie gelijk sla dan altijd naar het midden toe. Het zorgt voor een extra stuk bij dat belangrijke centrum.

Vraag 13: Als zwart besluit te slaan met de a5 pion, met welke pion sla je hier terug?

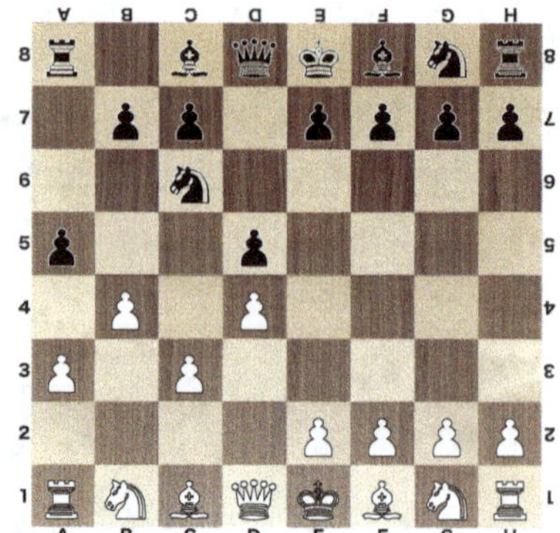

Vraag 14: Als zwart besluit te slaan met de a6 pion, met welke pion sla je hier terug?

Regel 7: Houd het simpel

Een heel belangrijke regel is om het altijd simpel te houden. Ga er vanuit dat de ander beter kan rekenen dan jij, tenzij je zeker weet dat dat niet zo is. Wordt de situatie te complex, begin dan zo veilig mogelijk stukken te ruilen of trek je veilig terug van de dreiging. Bouw niet een steeds complexere rij van mogelijke wisselingen op, waar je wellicht bij een kleine misrekening met een stuk minder uit komt.

Zeker ook als je voor staat kun je dit extra makkelijk doen: Geef desnoods een stukje van je voordeel op, als je maar het voordeel houdt. Dus als je een loper en een toren voor staat, kun je misschien wel een toren opofferen om een loper te winnen en dan sta je nog steeds twee lopers voor. Dat is ruim genoeg om te winnen.

In het eindspel, als je twee koninginnen kan maken, doe het dan. Natuurlijk zijn er mooiere, elegantere manieren om de ander schaakmat te zetten, maar houd het gewoon simpel.

De makkelijkste manier om snel te winnen, is om niet te proberen al je stukken eindeloos te beschermen, maar zodra je een klein voordeel hebt weten te behalen direct te beginnen met gelijkwaardige stukken te wisselen. Dus verover een paard met een loper of omgekeerd, ook al kost het je dat stuk. Sla een toren ook al kost het je je eigen toren. Plaats zelfs de koningin dusdanig dat de koninginnen beide van het bord verdwijnen.

Het is een vrij eenvoudige wiskundige truc. Stel je hebt ergens tijdens de opening een paard opgeofferd en daarmee een toren gewonnen. De toren was 5 punten waard en het paard slecht 3, dan sta je dus qua stukken 2 punten voor. Begin je dan alle andere stukken weg te spelen en houd je enkel nog een toren en een paard over, tezamen met de koningen, dan is die 5 tegen 3 bijna de dubbele waarde. De andere koning schaakmat zetten met de toren zal waarschijnlijk wel lukken, terwijl het paard geen schijn van kans heeft. Oorspronkelijk toen alle stukken nog op het bord stonden was het verschil maar klein: alle stukken gezamenlijk zijn 39 punten, dan is 36 tegen 34 maar een relatief klein verschil.

Een speler die voor staat zou dus altijd moeten proberen te ruilen in een poging zijn relatieve voordeel te vergroten, terwijl de speler die achter staat moet proberen dat te voorkomen. Let er echter wel op dat je het voorzichtig doet.

Soms is een ogenschijnlijk simpele positie meer complex dan hij op het eerste gezicht lijkt.

Oefenopgaven:

Vraag 15: Zwart staat duidelijk voor: Hij heeft meer pionnen en verder gelijke stukken. Ook is de koning al wat meer in het midden, wat een voordeel is in het eindspel. Hoe kan zwart de positie gedwongen vereenvoudigen?

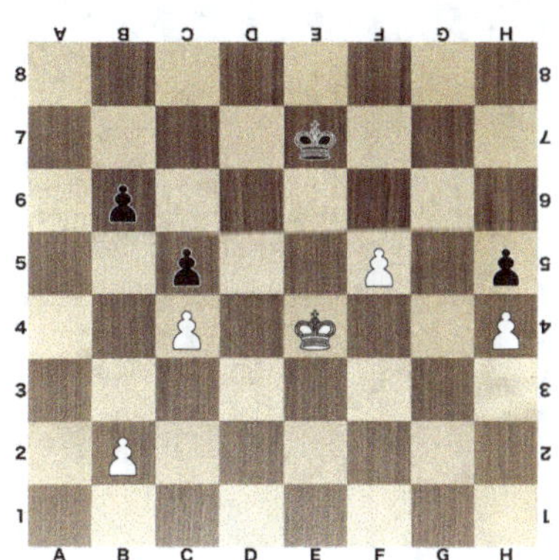

Vraag 16: Wit heeft 1 pion meer dan zwart en die staat op een open kolom. Hoe kunnen we zo eenvoudig mogelijk winnen in deze positie als wit? Kunnen we de f5 pion naar de overkant krijgen, of is er een andere manier?

Vraag 17: Stel wit heeft in een partij een zwarte toren verovert ten koste van het witte paard. Als de andere stukken nog in het spel zijn, hoeveel procent aan punten qua stukken heeft zwart nog ten opzichte van wit? Na ruilen van alles behalve de pionnen, hoeveel procent aan punten qua stukken heeft zwart nu nog ten opzichte van wit?

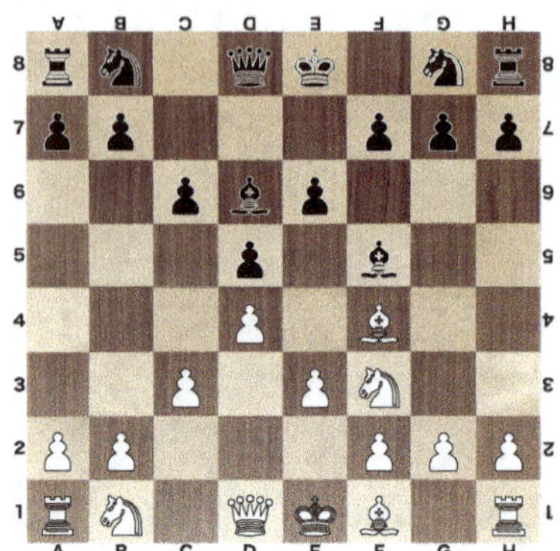

Vraag 18: In de linker positie, hoe kan wit vereenvoudigen?

Vraag 19: We zijn iets verder in dezelfde positie. Wat zijn de twee zetten die we kunnen doen vanaf hier om het overzichtelijk, veilig en degelijk te houden?

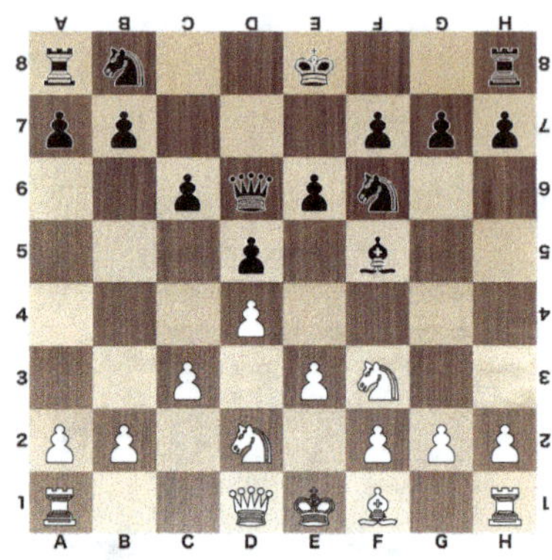

Regel 8: Geef je stukken de ruimte

Probeer altijd je stukken ruimte te geven om te bewegen. Vooral een loper wil nog wel eens vast komen te staan achter pionnen. Zorg dat je met je pionnenstructuur rekening houdt met je lopers. Een loper die vast staat is niet veel meer dan een pion.

Soms kun je de stukken van je tegenstander ook vast zetten waardoor ze moeilijker kunnen bewegen. Je kunt de tegenstander ook minder bewegingsvrijheid geven door met lopers, torens of de koningin de mogelijkheid om te rokeren te blokkeren. Zeker als de pionnenstructuur dusdanig is dat de tegenstander nog maar aan één kant kan rokeren, kan het een geweldig voordeel zijn als je dit met een loper kunt verhinderen.

In de opening zie je het ruimte geven aan stukken meestal ook terug. Bijvoorbeeld bij "The London System":

Na pion d4 is de tweede zet meestal loper naar f4, voordat de pion naar e3 de pion op d4 komt verdedigen. De loper zit dan niet vast achter die e3 pion, maar doet actief mee in de aanval terwijl hij ook goed gedekt staat.

Oefenopgaven:

Vraag 20: Vanaf de openings-positie, wat is de beste zet gezien vanuit de ruimte van de stukken? Kies uit d3, e3, d4 en e4. Beredeneer wat elk van die zetten met een pion doet voor de bewegingsvrijheid van de andere stukken.

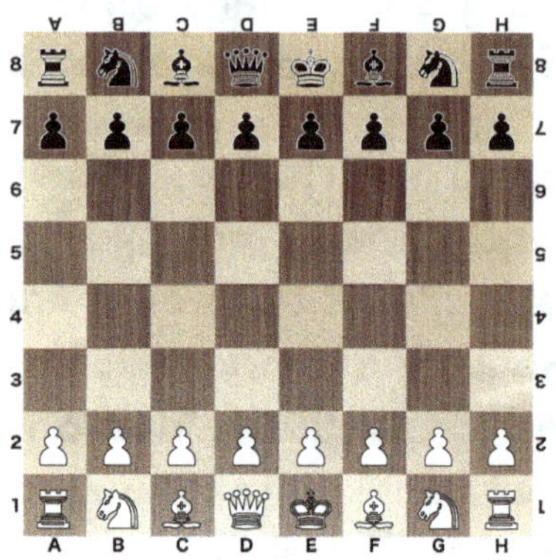

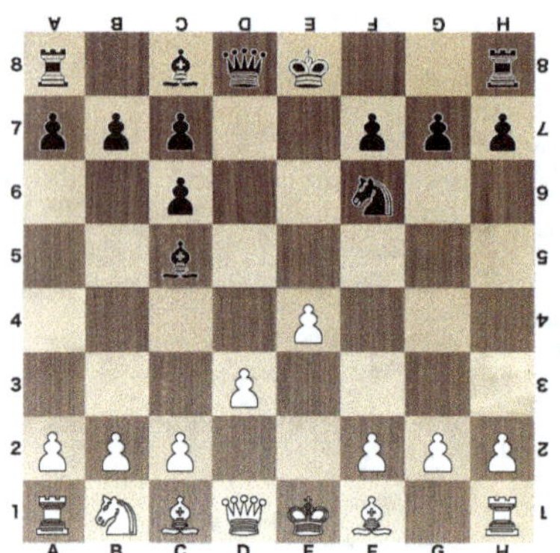

Vraag 21: In de linker positie, stel dat wit een loper wil bewegen, wat is dan de beste zet?

56

Regel 9: Speel je stukken naar beveiligde plekken

Een belangrijke regel om het gevolg van een fout te voorkomen, is door je stukken altijd naar beveiligde plekken te spelen. Dus altijd naar een plek waar een ander stuk het stuk dekt. Zeker als je de keuze hebt tussen een aantal goede plekken, speel dan naar de plek waar het stuk veilig staat.

Als de ander dan iets onverwachts doet en bijvoorbeeld met een loper die je vergeten was jouw toren slaat, is het minder erg als je die loper in elk geval weer terug kunt slaan. In dat geval is het verschil minder groot, zelfs als je op achterstand komt te staan. Je kunt dan wat gemakkelijker weer gelijk komen te staan of zelfs het materiële verschil overbruggen door een betere positie (betere opstelling van de stukken).

Het omgekeerde geldt ook wanneer je je tegenstander een stuk ziet spelen naar een onbeveiligde plek: Probeer je tegenstander op z'n minst op te jagen, terwijl je zelf bijvoorbeeld stukken ontwikkelt terwijl hij steeds weg moet lopen om zijn stuk in veiligheid te brengen.

Vraag 22: Stel ik wil (als wit) in de rechter stelling mijn paard naar e5 beweeg, is dat een goede zet en waarom (niet)?

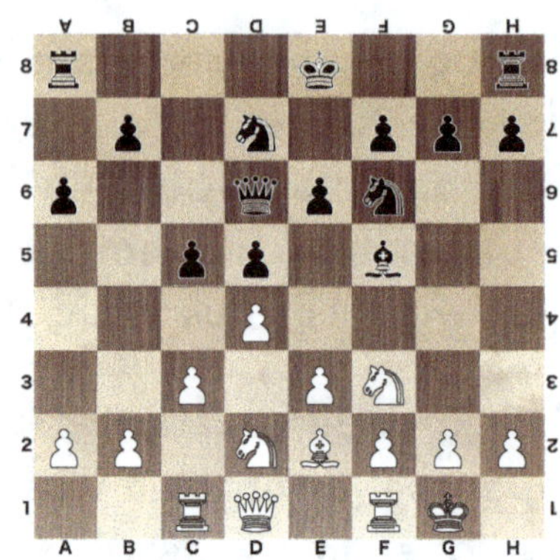

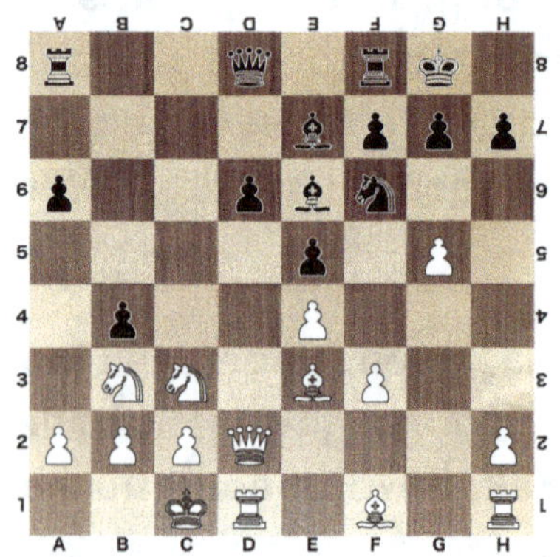

Vraag 23: In de linker positie bedreigt zwart het paard op c3 door de pion b4 zojuist te zetten. Wat is het beste veld waar het paard heen kan gaan?

Regel 10: Als je een stuk verliest, haal er iets uit

Soms kun je niet voorkomen dat een stuk geslagen gaat worden. Zo gebeurt het nog wel eens dat een tegenstander de koningin weet te veroveren doordat er geen veilige plek meer is om naar toe te gaan. In dat geval, laat het stuk niet zomaar pakken terwijl je elders op het bord door gaat. Probeer in elk geval een zo groot mogelijk stuk van de tegenstander te slaan.

Soms kun je ook in plaats van een groot stuk van de tegenstander te slaan, compensatie krijgen door de veilige pionnenstructuur van je tegenstanders koning te doorbreken. Alhoewel je dan qua stukken wellicht achter staat, kan het lastig zijn voor je tegenstander om dat voordeel te benutten, als diegene voortdurend schaak wordt gezet of er steeds een kans op schaakmat dreigt.

Zoek naar dergelijke mogelijkheden en wees niet te snel uit het veld geslagen als de ander een belangrijk stuk van je verovert. Kijk verder dan alleen naar wat je kunt doen met het stuk dat aangevallen wordt. Soms kun je ook een tegenaanval doen, soms kun je daarmee wellicht zelfs je stuk terugwinnen.

Vraag 24: De witte loper zit gevangen op b3. Wat kan wit het beste doen?

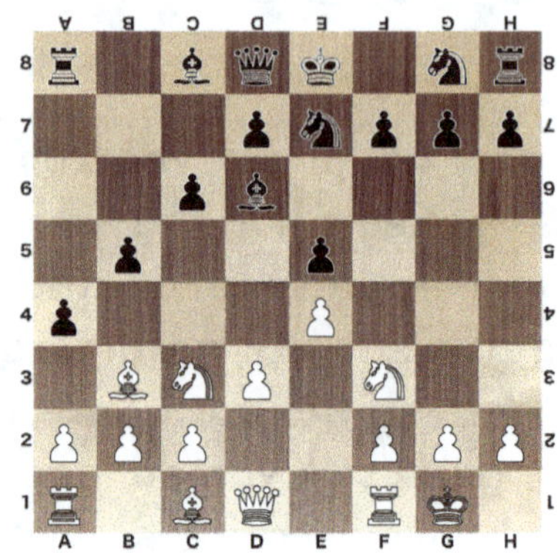

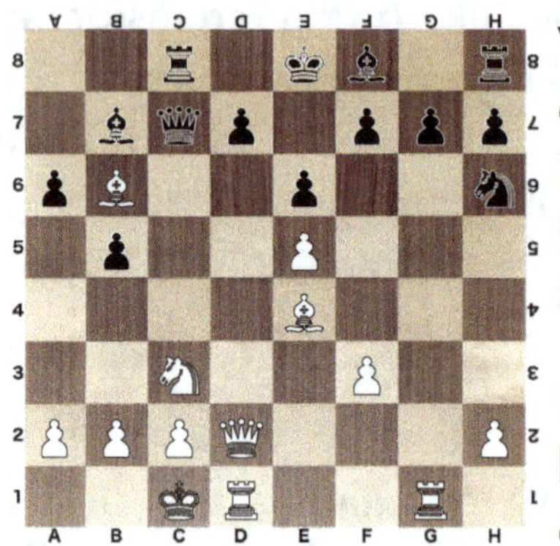

Vraag 25: De rechter positie komt uit een vriendschappelijke partij van Judit Polgar tegen Magnus Carlsen in het El Retiro Park in Madrid in 2022. Judit Polgar speelde zojuist loper naar b6.

Het probleem is dat als zwart de koningin weg haalt als beschermer van d7, dat koningin slaat d7 direct schaakmat is. Zwart kan de koningin niet redden.

Wat is de beste zet die Magnus met zwart nog speelde?

Regel 11: Kijk waar een stuk vandaan kwam

Het is erg belangrijk bij schaken om niet alleen te kijken waar de tegenstander zijn stuk naar toe beweegt, maar ook waar het vandaan komt en wat daar verandert. Wellicht stond er achter die loper die de tegenstander naar de andere kant van het bord beweegt ook een toren die nu jouw koningin plots bedreigt. Je koningin verplaatsen kan dan misschien wel een stuk belangrijker zijn dan zijn loper terug slaan. Ook kan het zijn dat je op die manier een schaakmat moet voorkomen. Zeker lopers zijn ook extra gevaarlijk op die manier, omdat ze door hun diagonaal nogal gemakkelijk over het hoofd gezien kunnen worden, vooral als ze achter een rij pionnen vandaan komen.

Onthoud: een stuk gaat niet alleen ergens naar toe, het komt ook ergens vandaan. Dat geldt niet alleen voor de stukken die je tegenstander beweegt, maar ook voor je eigen stukken. Haal je niet een verdediger ergens weg waar die hard nodig is? Dat kan ook een truc zijn van je tegenstander: Je kan een stuk slaan dat niet verdedigt wordt, maar het stuk waar je dat mee kan doen is een belangrijke verdediger die op die manier van zijn positie wordt weggelokt.

Het is altijd belangrijk om dus beide kanten van de verplaatsing te bekijken. Zeker als je op een wat hoger niveau begint te komen worden dat soort tactieken steeds belangrijker. Soms kan dat ook een ingewikkelde rij aan consequenties betekenen. Probeer als dat gebeurd de situatie altijd simpel en overzichtelijk te houden. Realiseer je goed welke verdedigers waar nodig zijn en wie vrij is om aan te vallen, zowel bij je eigen stukken als bij die van je tegenstander.

Oefenopgaven:

Vraag 26: Wit speelde zojuist de zet e3, om het paard weg te jagen wat zojuist naar d4 kwam. Wat is de beste zet voor zwart?

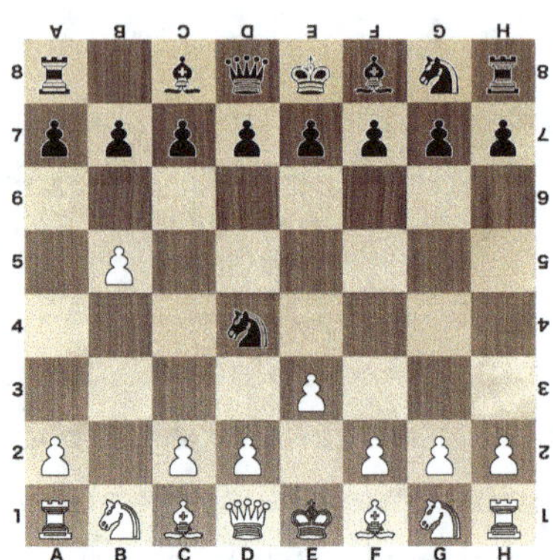

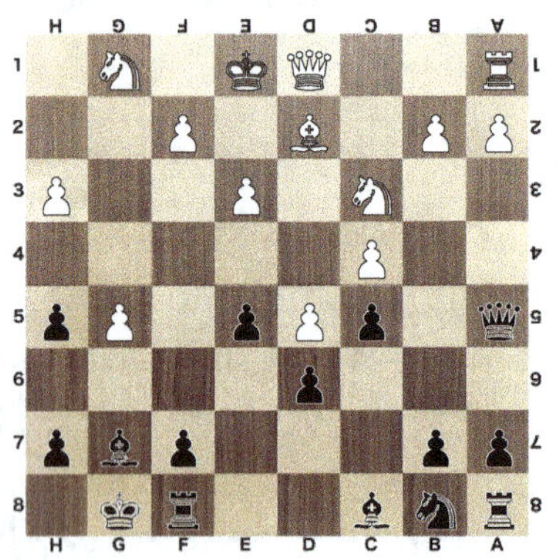

Vraag 27: De volgende positie werd gespeeld door Alexandra Botez tegen haar coach Jon Ludwig Hammer. Hammer speelde met wit speelt het paard van c3 naar e4. Wat was verkeerd aan Alexandra's zet loper van c8 naar f5? Wat was beter geweest?

Regel 12: Rokeer

Rokeren is een belangrijke manier om je koning in veiligheid te brengen. Een gerokeerde koning is meestal een veilige koning. Het kan strategisch slim zijn om de kant waarheen je gaat rokeren lang uit te stellen. Je ontwikkelt je lopers en paarden eerst, de koningin komt in het spel, en daarna kun je nog kiezen of je koning naar links of naar rechts rokeert, afhankelijk van waar je tegenstander het zwakste staat. Dit betekent dat je tegenstander zijn stukken moet gaan verplaatsen. Het betekent ook dat je tegenstander qua aanval geen kant kan kiezen. Beide kan je een belangrijk tempo voordeel geven. Houd algemeen aan: rokeer voor de 10e zet.

Bedenk dat je dit kan benutten bij je tegenstander: Soms kun je voorkomen dat deze kan rokeren door een loper op een strategische plek te plaatsen. Of je kunt diens pionnenstructuur aan 1 kant dusdanig beschadigen dat diegene aan de andere kant zal moeten rokeren.

Tot slot zou je er soms ook voor kunnen kiezen om niet te rokeren, zeker als je tegenstander verwacht dat je dit gaat doen. Magnus Carlsen wist Bill Gates in slechts enkele zetten te verslaan juist door te anticiperen op het feit dat Bill Gates waarschijnlijk ging rokeren en zijn stukken alvast gereed te zetten in afwachting van die rokade. Dit was een gok die hij nam, die hem op een kleine achterstand bracht voor een korte tijd. Bill Gates had beter niet kunnen rokeren of de andere zijde gereed kunnen maken voor het rokeren. Sommige spelers rokeren altijd zo snel mogelijk aan de koningszijde. Benut dit als je dit weet.

Vraag 28: Is het in de rechter situatie verstandig voor wit om nu te rokeren? Waarom?

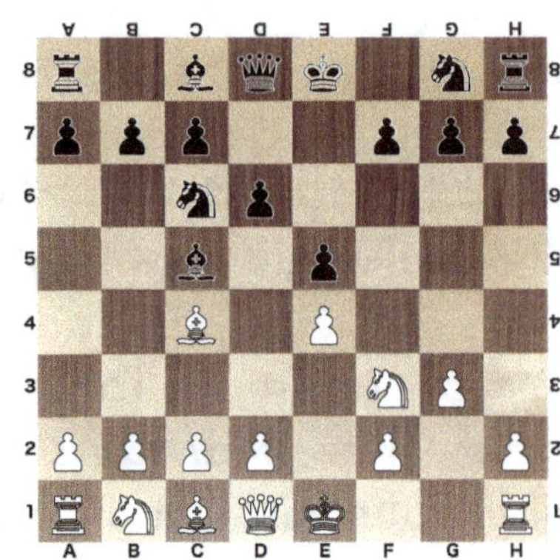

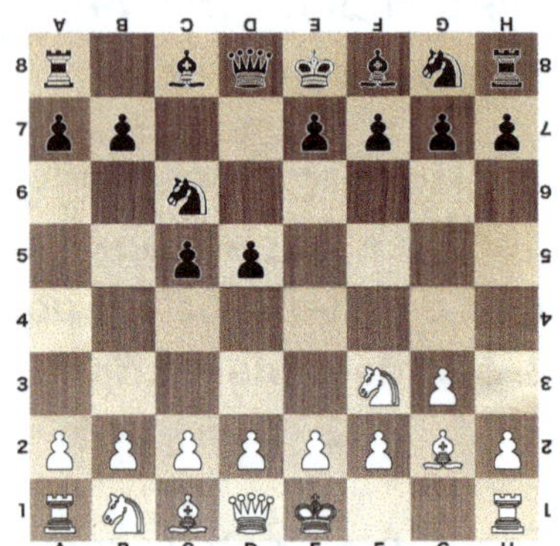

Vraag 29: Is het in de linker situatie verstandig voor wit om nu te rokeren? Waarom?

Vraag 30: Is het in de rechter situatie verstandig voor zwart om nu te rokeren? Waarom?

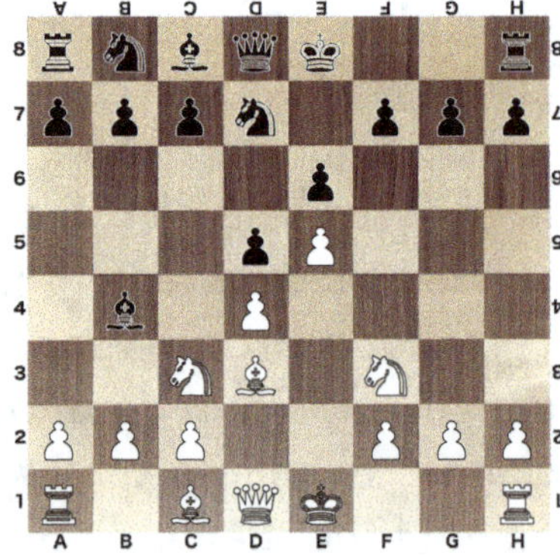

Regel 13: Zet je pionnen tegengesteld aan je loper

Je beide lopers hebben elk slecht het bereik over de helft van het bord. De ene loper gaat over de donkere velden, de ander over de lichte velden. Heb je nog slechts één van de twee lopers over, zorg dan dat je pionnen indien mogelijk op de tegenovergesteld gekleurde velden komen te staan. Op die manier staan ze je loper niet in de weg en krijgt die meer vrijheid.

Deze regel is één van de belangrijkste redenen dat een schaakbord twee kleuren velden heeft. Het bord had ook net als een Go of Reversi (Othello) bord enkel uit vakjes van dezelfde kleur kunnen bestaan. Maar de kleur van de velden is erg handig om te weten waar een bepaalde loper wel of niet kan komen en dus ook hoe je een loper zo veel mogelijk vrijheid kunt geven.

Als je de lopers van een tegenstander kunt veroveren en je kunt kiezen welke van de twee je neemt, dan kan het ook handig zijn om te kijken waar je eigen en je tegenstanders pionnen staan. Dreig je een loper te verliezen en kun je nog kiezen welke je behoudt, dan kan de stand van je pionnen ook doorslaggevend zijn om te bepalen welke je behoudt.

Vraag 31: Noem het grootste voordeel van je pionnen op de tegenovergestelde kleur van je loper.

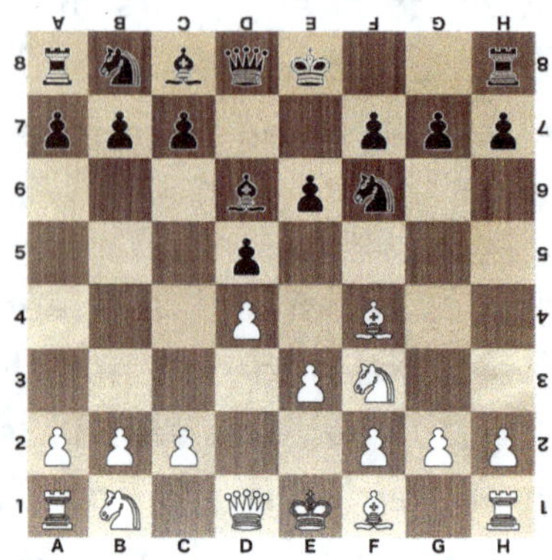

Vraag 32: Wit is aan zet in de positie links. Wat is de beste zet?

Regel 14: Zet je torens op een open kolom

Je torens zijn krachtige stukken, maar in tegenstelling tot een loper kunnen ze niet zomaar tussen een rij pionnen door glippen. Als er dus een open kolom is, beweeg je toren daar dan zo snel mogelijk heen, voordat je tegenstander die kolom in bezit neemt. Het bezit van een kolom is een erg machtig middel.

Vaak is het ook via een open kolom dat je de torens uiteindelijk op de 2e of 7e rank kunt krijgen, dus op de rij waar de pionnen van de tegenstander begonnen en ze waarschijnlijk deels nog staan, bijvoorbeeld om de koning te verdedigen die gerokeerd is. Door je toren op de open kolom te zetten creëer je de mogelijkheid om hier in de toekomst naar toe te gaan.

Een andere belangrijke reden is om een onverdedigde koning die gerokeerd is op de achterste rank schaak te kunnen zetten. Door op de open kolom te gaan staan met je toren creëer je voortdurend die druk en kan de tegenstander zijn eigen toren moeilijker verplaatsen.

Wat verder ook erg handig kan zijn en belangrijk wanneer je de torens op een open kolom hebt staan: Zorg dat je de twee torens met elkaar verbindt, dus dat ze elkaar dekken. Hiermee houdt je de torens veilig van aanvallen en kun je een dreiging van de tegenstander die ook op de open kolom gaat staan met zijn toren goed weerstaan.

Tot slot creëer je vaak ook de mogelijkheid om je koningin met die toren te kunnen begeleiden. Ook kan je vanuit de open kolom net voor je eigen pionnen gaan staan (op rij 3 of 6), wat ook voor extra dreiging kan zorgen in combinatie met de koningin, loper of paard.

Oefenopgaven:

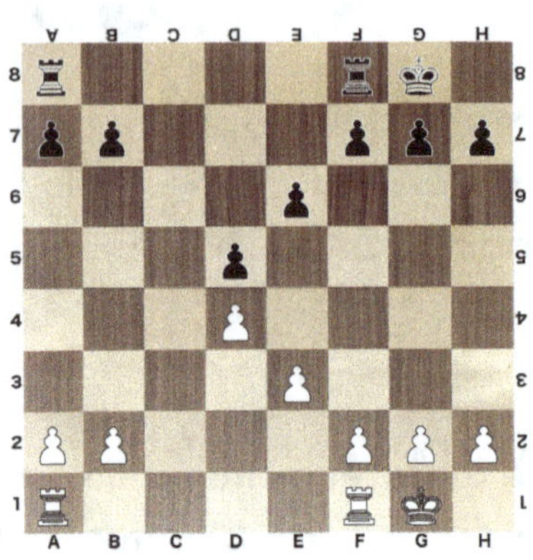

Vraag 33: In de linker positie, wat is de beste zet voor wit?

Vraag 34: Nadat wit dat gespeeld heeft, welke zet moet zwart nu doen om niet achter te komen staan?

Vraag 35: Wat moet wit hierna spelen om te vervolgen? Wat moet wit vooral niet doen?

Regel 15: Houd je pionnen voor de koning

Deze regel geldt niet als je nog niet gerokeerd bent, d4 of e4 is een prima openingszet. Maar zodra je rokeert en een rij van 3 of 4 pionnen voor je koning hebt, is het belangrijk om die pionnen daar uit veiligheid te houden.

Hierin herken je vaak wel de echte grootmeester: Die kan vaak zien wanneer het wel veilig is om deze pionnen ook in te zetten voor een aanval. Maar over het algemeen is het een onverstandig idee om die pionnen te gebruiken voor een aanval. Daarmee breng je je eigen koning onnodig in gevaar terwijl die pionnen eerst nog een afstand af te leggen hebben voordat ze je tegenstander in gevaar brengen.

Overigens kan ook een grootmeester zich hier ernstig in vergissen, zoals Magnus Carlsen die op die manier een keer verloor van een amateur schaker in 2014. Geen bescherming rond je koning hebben plaatst je in een erg lastige positie die veel moeilijker te verdedigen is.

Dus tenzij je heel zeker weet dat je voortdurend druk op je tegenstander kan houden, houdt die pionnen vlak voor je koning. Zeker ook de pion voor je toren. Sommige spelers willen die graag weg hebben zodat ze een vrije kolom hebben voor hun toren, maar dat is erg gevaarlijk omdat de koning dan schaak gezet kan worden door een loper of de koningin. Zolang de loper van die kleur er nog is, is het verstandig die pion op zijn plek te houden.

Oefenopgaven:

Vraag 36: In rechter positie, wat is de beste zet voor zwart?

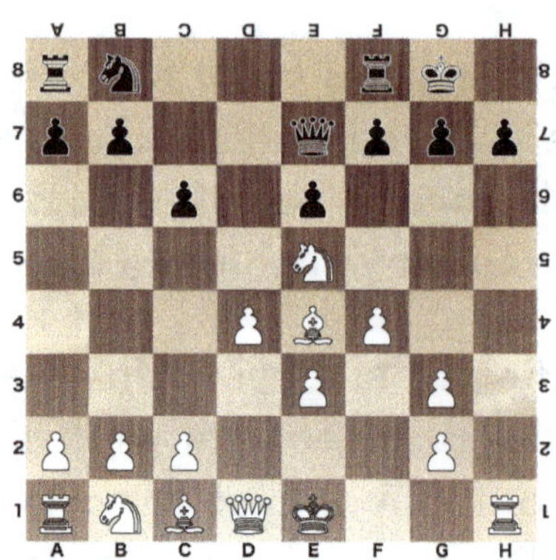

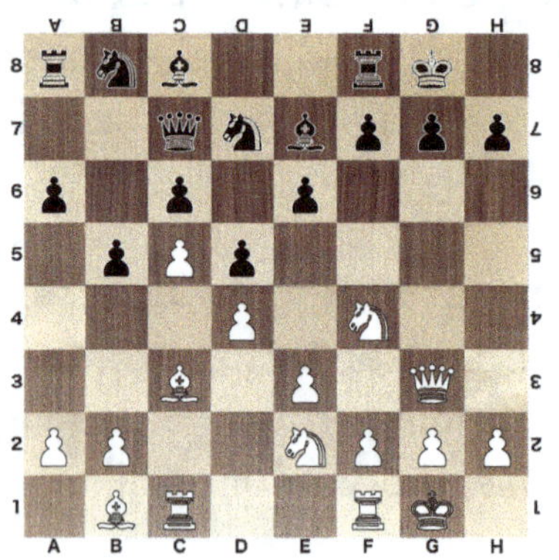

Vraag 37: Zwart is aan zet in de linker positie. Zwart ziet de onveilige witte koningin en wil zijn pionnen voor de koning gebruiken om zwart aan te vallen. Beschrijf per pion zet hoe wit dit kan benutten: f6, f5, g6, g5, h6 en h5. Wat is de beste zet?

Regel 16: Val gezamenlijk aan

Soms zie je een beginner met één stuk continue heen en weer bewegen in een poging een ingang ergens te vinden. Een goede aanval gaat nooit met één stuk: zelfs de koningin is daar niet krachtig genoeg voor. Je hebt altijd hulp nodig van minimaal één ander stuk en het liefst bouw je een aanval op waarbij meerdere stukken vanaf meerdere kanten langzaam maar zeker de vijand in het nauw drijven.

Samenwerking tussen je stukken is erg belangrijk. Het maakt het veel lastiger om een aanval af te slaan als die op een complexe manier vanaf meerdere kanten tegelijk komt. Sommige mensen vergelijken schaken als een complexe dans met de stukken over de 64 velden. De juiste choreografie is dan erg belangrijk om te zorgen dat de stukken op het juiste moment op de juiste plek staan.

Vaak leren beginners eerst simpele trucs met slechts enkele stukken aan zoals de herdersmat, waarbij de tegenstander na 4 zetten schaakmat staat. Dat zijn leuke trucs om een nietsvermoedende tegenstander te verrassen, maar bij een wat meer ervaren speler zul je er niets mee bereiken. Bekijk eens hoe een grootmeester zijn stukken in een serieuze partij gedegen strategisch opstelt, één voor één. Alsof je steeds het rijtje van stukken opnieuw af gaat en langzaam steeds meer terrein in neemt. Uiteraard duwt de tegenstander weer terug.

Ga dus niet met je paard in een aantal stappen ergens op af, maar beweeg steeds een ander stuk om gezamenlijk steeds meer terrein te winnen.

Oefenopgaven:

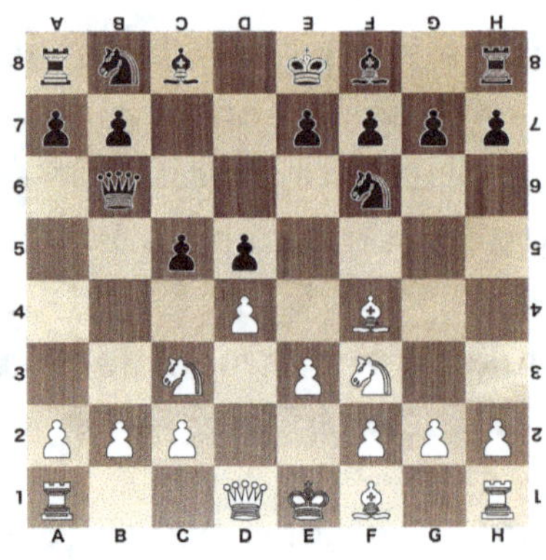

Vraag 38: In de rechter positie (uit een "The London System" opening) speelde zwart zojuist zijn koningin naar b6. Wit antwoord met paard naar c3. Stel dat zwart nu de b2 pion slaat met de koningin en dus met enkel de koningin probeert aan te vallen, zonder ondersteunende stukken, wat kun je nu doen om dit af te straffen?

Vraag 39: Stel zwart slaat in bovenstaande situatie niet met de koningin, maar speelt a6. Wat is vervolgens een goede verdedigende zet tegen de koningin?

Regel 17: Er zijn drie opties als je schaak staat

Als je schaak staat, bedenk je dan altijd dat er 3 dingen zijn die je kunt doen:

1. Weglopen: verplaats de koning naar een veld wat niet bedreigt wordt.

2. Blokkeren: plaats een stuk tussen de koning en het stuk dat aanvalt. Dit kan niet als een paard je aanvalt, een paard kan immers springen.

3. Slaan: het stuk van de tegenstander uitschakelen door met een van jouw stukken naar dat veld te bewegen

Denk altijd als je schaak staat over alle drie de opties na en kies de beste. Vaak lopen mensen onnodig weg terwijl er soms betere opties zijn.

Zeker als je nog niet gerokeerd hebt zou weglopen de laatste van je mogelijkheden moeten zijn die je overweegt. Zodra je een stap zet mag je immers niet meer rokeren.

Belangrijk om hier ook uit te leren is om niet zomaar iemand onzinnig schaak te zetten. Beginnende spelers willen nog wel eens iemand schaak zetten "omdat het kan" maar omdat de koning niet altijd hoeft weg te lopen, kan het er voor zorgen dat zelfs als het stuk dat aanvalt niet geslagen kan worden, dat het blokkeren enkel een voordeel oplevert voor de tegenstander doordat diegene een extra stuk kan ontwikkelen. Bijvoorbeeld in de opening na 1. d4 ... d5; 2. e3 ... e6 is het zinloos om 3. Bb5 te spelen. Het brengt ons in de volgende positie:

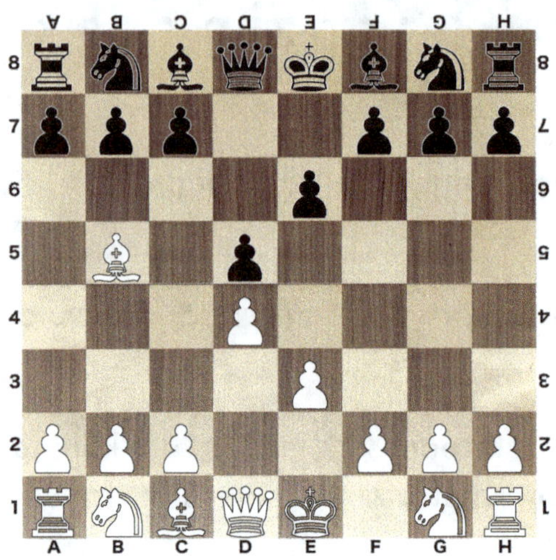

Met pion naar c6 jaagt zwart de loper weer weg. Zwart kan zelfs een paard veilig ontwikkelen naar d7. Als die geslagen wordt slaat zwart terug met de koningin en heeft dat stuk alvast ontwikkeld terwijl wit nog niets heeft ontwikkelt. Of als wit nu bijvoorbeeld het paard naar f3 zet, kunnen we alsnog c6 spelen. Zo'n zet kost dan wel tijd, terwijl het enkel een betere positie voor zwart oplevert. Zet iemand dus alleen schaak als het jouw positie verbeterd.

Oefenopgaven:

Vraag 40: Stel dat zwart in de bovenstaande positie niet blokkeert met het paard of de pion, wat kan zwart nog meer doen qua blokkeren?

Vraag 41: Wat kan zwart doen in plaats van blokkeren? Waarom is dit nadelig in dit geval?

Regel 18: Controleer op schaak

Uiteraard controleer je op schaak als je aan zet bent, "sta ik niet schaak". Ook zul je controleren op schaak bij de zet die je van plan bent: "zet ik mezelf niet schaak".

Maar controleer ook altijd op mogelijkheden voor schaak bij zowel je tegenstander als bij jezelf:

"Welke mogelijkheden om mijn tegenstander schaak te zetten heb ik de volgende zet? En welke 1 zet daarna?"

Maar ook bij jezelf:

"Ik sta nog niet schaak, maar welke mogelijkheden heeft mijn tegenstander om mij nu schaak te zetten? En welke 1 zet daarna?"

Je hoeft dus niet heel diep qua aantal zetten te denken, wat mensen vaak denken dat nodig is. Als je twee zetten vooruit denkt, dus de huidige zet en eentje er na voor zowel jezelf als de tegenstander, zul je heel veel problemen kunnen voorkomen. De meeste tactische zetten gaan niet veel verder dan die tweede zet op amateurniveau.

Voor echte grootmeesters is dit uiteraard anders, zij zullen wel in hun hoofd meer zetten bekijken. Maar op lager niveau is het voldoende om enkel de mogelijkheden die je tegenstander heeft om je schaak te zetten te beperken en je eigen mogelijkheden om de ander schaak te zetten te benutten. Bijvoorbeeld door nadat de koning verplaatst met hetzelfde stuk een ander stuk te slaan: Dat noemen we een vork. Je zult op die manier al snel een klein tactisch voordeel kunnen behalen dat waarschijnlijk doorslaggevend is voor de winst in de partij.

Oefenopgaven:

Vraag 42: In rechter positie, stel dat zwart aan zet is, op welke manieren kan zwart wit schaak zetten?

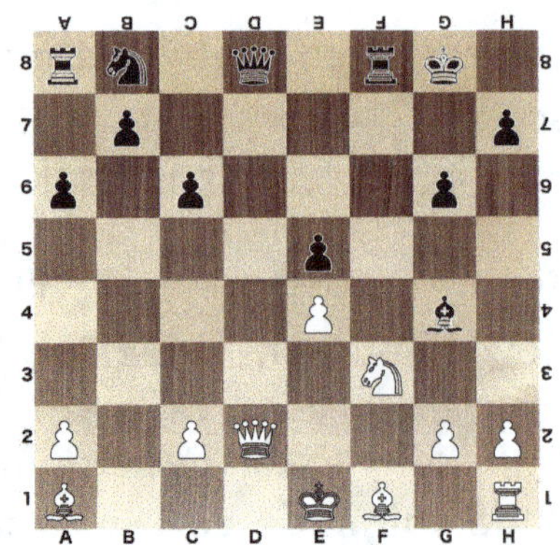

Vraag 43: Stel dat wit aan de beurt is, welke manieren heeft die om zwart schaak te zetten?

Vraag 44: Is één van die manieren om zwart schaak te zetten zinnig? Zo ja, waarom? Zo nee, waarom niet?

Vraag 45: De spelers kwamen in deze positie terecht doordat zwart het stuk op e5 sloeg met de zwarte pion die voorheen op d6 stond. Wat was de fout hierin?

Regel 19: Pas op de lopers

Lopers zijn misschien wel de meest gevaarlijke stukken van het hele schaakbord. De koningin is misschien het meest krachtige stuk op het bord, maar ook een stuk waar je zuinig op bent omdat het zo waardevol is. De torens zijn ook machtig, maar kunnen moeilijk door rijen pionnen heen bewegen. Zij worden pas nuttiger als het bord wat leger raakt.

De lopers kunnen heel gemeen zijn. Ze kunnen opeens midden door een rij pionnen heen schieten van de ene kant van het bord naar de andere. En daarbij is het ook nog eens niet heel erg als je je loper daarbij verliest, als die bijvoorbeeld een koningin of toren weet te slaan. Pas daarom altijd op waar de lopers staan. Realiseer je elke zet waar die van je tegenstander staan en of je niet per ongeluk iets op hun pat zet of laat staan. Ook als je tegenstander bijvoorbeeld een pion verzet zou een loper er achter weleens een gevaarlijk stuk kunnen worden.

Dat geldt uiteraard ook voor je eigen lopers. Wellicht kun je een loper die gericht staat op een koningin of toren wel stiekem bedreigen door een pion te verschuiven. Als die pion dan ook nog eens een ander stuk in gevaar brengt neemt misschien iemand wel die pion van je af, waarna jij die koningin of toren kan afnemen. Of iemand vlucht voor je pion en vergeet jouw loper.

Sommige spelers geven er de voorkeur aan andermans lopers als eerste van het bord te krijgen als het kan, zodat het spel overzichtelijker wordt. Dat lijkt misschien overdreven, maar het is geen heel erg slechte tactiek. Psychologisch is het namelijk erg logisch om de complexiteit van een schaakpositie te willen vereenvoudigen naar de stukken die belangrijk zijn. Als je niet op de lopers let, kunnen je hersenen die ver weg staande lopers er uit filteren waardoor je ze niet ziet. Je hersenen maken zich druk om een kleiner deel van het bord om het voor jou begrijpelijk te houden en te versimpelen. Die psychologisch volstrekt logische versimpeling is in andere situaties erg handig, maar maakt de lopers in het bijzonder erg gevaarlijk. Paarden kunnen ook onverwachte dingen doen, maar hun bereik is gelukkig beperkt. Lopers zijn dus extra verraderlijk. De positie daadwerkelijk versimpelen op een manier dat ze niet meer mee doen, is dan ook een goede aanpak om problemen te voorkomen.

Oefenopgaven:

Vraag 46: Kan zwart de witte pion veilig veroveren?

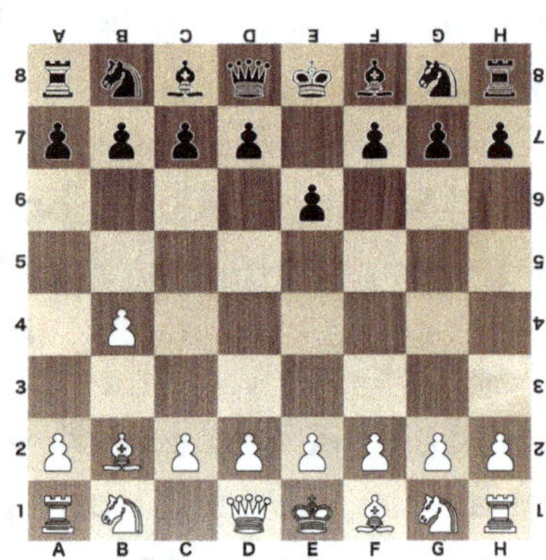

Vraag 47: Wit is aan zet. Wat is de beste zet?

Regel 20: Pas op een vork

Een vork is een aanval van één stuk op twee of meer stukken van de tegenstander. Bijvoorbeeld doordat je een paard zo kan positioneren dat het precies tussen de twee torens staat op één rij ervoor staat en beide kan bereiken. De tegenstander kan dan het ene stuk redden, maar verliest het andere.

Soms kan je bij het maken van de vork de koning ook betrekken. Dan kan de tegenstander zeker bij een paard aanval niet anders dan de koning verplaatsen als het paard niet geslagen kan worden, en dan is het andere stuk dus verloren. Vooral de toren lopen een groot gevaar om op die manier gevorkt te worden.

In de begin positie staat de koning op de d kolom en een toren op de h kolom. De f kolom, ter hoogte van de loper, zit hier precies tussen in. Als de koningin er niet is om de f pion te verdedigen, is dat dus een groot gevaar daar een paard komt te staan. Als het een paard is dat verdedigd wordt door een loper dan kan de koningin ook niet veel doen zonder zelf aangevallen te worden. Omgekeerd kan er aan de andere kant ook een vork gemaakt worden tussen koningin op de e kolom en de toren op de a kolom, de c pion is hier van belang. Pas dus altijd op voor dergelijke combinaties van paard en loper wanneer die samen optrekken.

De meeste bekende vorm hierin is de "Fried liver attack", een onderdeel van de "Italian Game" opening.

Oefenopgaven:

Vraag 48: Zwart speelde h6 om het paard weg te jagen. Welke zet kan wit nu het beste doen?

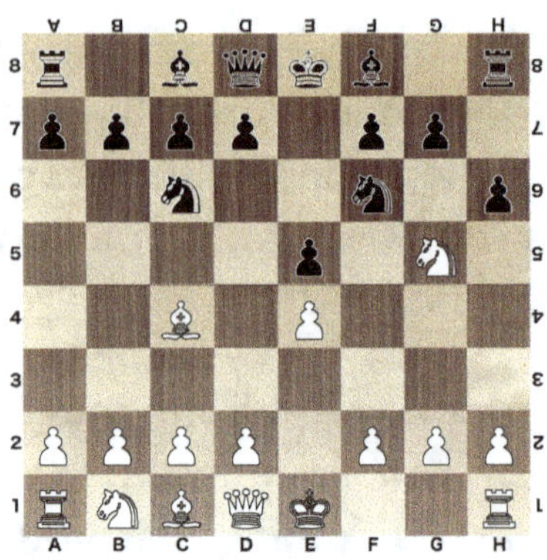

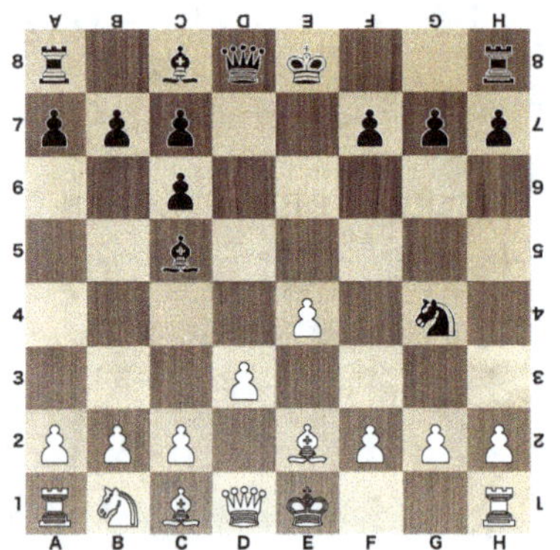

Vraag 49: In deze positie uit de Stafford Gambit kan wit het paard op g4 slaan met de loper. Als wit dat doet kan zwart in plaats van terug te slaan met zijn loper, ook de koningin naar h4 bewegen en dat zorgt voor dreiging van schaakmat als zwart de pion op f2 slaat.

Verdedigt wit dat met pion naar g3, dan kan zwart de loper op g4 slaan en wordt de witte koningin bedreigt. Het resultaat is dan een gedwongen koningin uitwisseling of de f pion naar voren bewegen, wat ook zorgt voor een complexe positie voor wit en de mogelijkheid om te rokeren aan de koningszijde effectief verwijderd. Wit wil dit allemaal voorkomen en speelt in plaats daarvan de eenvoudige pion naar h3 zet vanuit de bovenstaande positie. Wat kan zwart nu doen?

Regel 21: Pas op voor pins en röntgenaanvallen

Pins (ook wel penningen) zijn misschien wel nog gevaarlijker dan een vork. Zeker ook om bijvoorbeeld de koningin te verliezen aan een toren. Wat er in dat geval gebeurt is dat de koningin op één lijn staat met de koning. Doordat de toren van de tegenstander ook op diezelfde lijn gaat staan, kan de koningin niet meer weg. Je mag immers niet een zet doen volgens de spelregels waarbij je jezelf schaak zet. Mocht het je gebeuren, kijk of er een stuk is dat je er tussen kan zetten om de pin op te heffen. Kan dat niet, dan is de enige optie om de toren of loper (als het een diagonale penning was) te slaan. Dan verlies je wellicht de koningin, maar krijg je er in elk geval nog iets voor terug.

Soms is dit ook een manier om een koninginnen ruil af te dwingen. Zeker als je voor staat of bijvoorbeeld een pion bijna kan promoveren kan een dergelijke koninginnen ruil erg aantrekkelijk zijn.

Je kunt niet alleen de koningin aan de koning vastpinnen. Je kunt ook andere stukken aan de koning vastpinnen. Of een stuk met een lagere waarde aan een stuk met een hogere waarde pinnen, bijvoorbeeld een toren aan de koningin.

Soms kun je ook stiekem een pin maken die niet erg opvalt, bijvoorbeeld doordat een loper de pion bij de koning vastpint. Je kunt dan wellicht je koningin op een plek zetten die de ander niet verwacht, omdat diegene de pin niet had gezien en dacht je daar te kunnen slaan. Dat zorgt voor verrassingen in de aanval. Let omgekeerd dus zelf ook altijd goed op of bepaalde stukken wellicht vastgepind zijn aan je koning of koningin. Het is een van de meest gebruikte tactische trucs om een voordeel op je tegenstander te behalen.

Als het achterste stuk waardevoller is dan het voorste stuk dat aangevallen wordt, noemen we het een röntgenaanval. In het Engels spreken we dan van een "skewer" in plaats van een pin.

Sommigen spreken ook van een penning als er niet een stuk maar een veld bedreigd wordt via een ander stuk, bijvoorbeeld een veld dat tot schaakmat leidt. Dit is echter niet heel gebruikelijk.

Oefenopgaven:

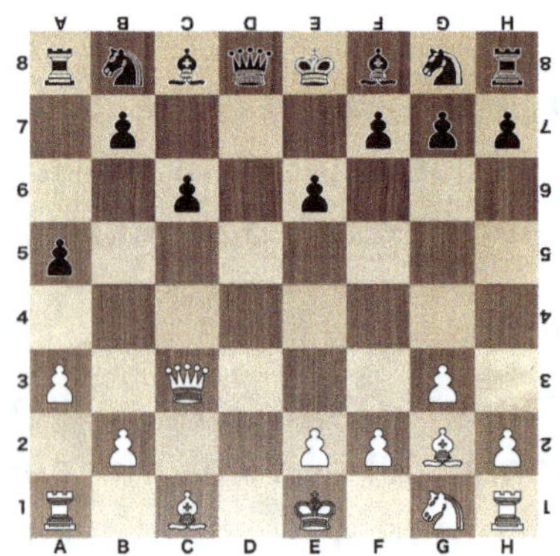

Vraag 50: Zwart is aan zet. Wat is de beste zet? Zonder de zwarte pion op e6, werkt dezelfde aanval nu ook?

Vraag 51: In de rechter situatie, hoe kan wit als die aan de beurt is gebruik maken van een slimme pin om een belangrijk stuk te veroveren? Als zwart aan de beurt is in dezelfde situatie, hoe kan die het gevaar voorkomen?

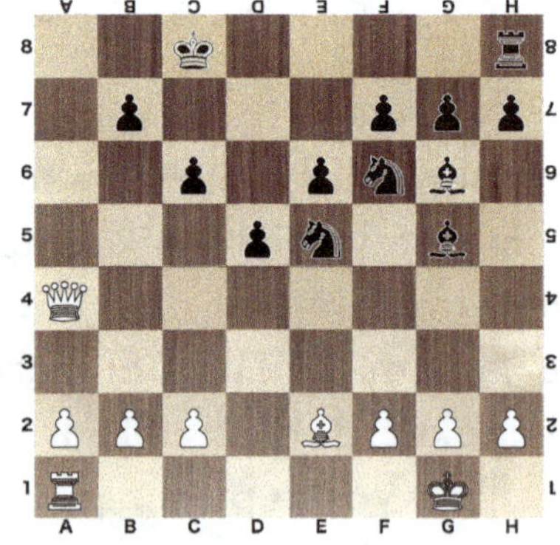

Regel 22: Pas op voor pat

Als je flink voor staat op je tegenstander en die bijna geen stukken meer heeft, pas dan op dat je niet de ander per ongeluk 'pat' zet. Dat gebeurt als diegene geen legale zet meer kan doen, maar ook niet schaak staat. Zeker als je bezig bent de koning schaak te zetten en wellicht nog een extra koningin kan maken van een pion, is dit een extra groot gevaar. Bijvoorbeeld doordat de nieuwe koningin de ruimte van de koning beperkt waardoor die niet meer kan bewegen en alle pionnen al vastgelopen zijn tegen een ander stuk.

Mocht je zelf onmogelijk achter staan maar toch niet willen opgeven, dan kun je altijd nog proberen 'pat' er uit te krijgen. Het is wellicht een beetje gemeen, maar het is onderdeel van het spel. Probeer in dat geval in elk geval al je pionnen vast te laten lopen en te laten slaan, en probeer je koning bijvoorbeeld naar het voorlaatste vakje in één van de hoeken te krijgen, zodat als de tegenstander een koningin maakt, dat je nergens meer heen kan. Kan je met je koning al nergens meer heen maar sta je niet schaak, zorg dan dat je andere stukken geslagen worden zonder dat je koning meer bewegingsvrijheid krijgt.

Op die manier verlies je misschien een paar keer minder vaak, want 'pat' is gelijkspel, ook als je geen enkele kans meer had om te winnen en de ander een enorme overhand had.

Vraag 52: Zwart heeft bijna gewonnen. Wit is op de koning na al zijn stukken kwijt. Zwart brengt de koningin dichterbij. Zwart kan met de koningin naar h7 en wit schaak zetten, maar zwart wil niet dat de koning naar links kan vluchten. Zwart speelt koningin naar f6, om te zorgen dat de witte koning niet naar de f kolom kan vluchten. Waar kan de witte koning nog naar toe?

Vraag 53: Wat had zwart beter kunnen spelen?

Vraag 54: Wit is al zijn stukken kwijt maar hoopt nog op pat. Zwart staat op het punt om zijn pion te promoveren. Welke zet kan wit doen om pat te krijgen, aangenomen dat zwart op de volgende zet zijn pion promoveert?

Regel 23: Houd overwicht

Probeer, zeker als je wit bent, continu overwicht te houden op je tegenstander. Dat je tegenstander moet reageren op wat jij doet in plaats van omgekeerd. Zoek naar gedwongen zetten. Zoek naar schaak zetten in het eind spel, waardoor de ander steeds enkel de koning kan bewegen terwijl jij je stukken naar betere posities manoeuvreert.

Controle over het centrum is belangrijk bij het behouden van druk op de tegenstander. Ook is het belangrijk dat je al je stukken op actieve posities hebt om de druk te behouden. Even zo goed kun je je actieve stukken gebruiken om druk van je tegenstander te verhinderen. Ook is het belangrijk dat je koning veilig is als je probeert druk van je tegenstander te vermijden. Zorg daarom dat je in principe tijdig rokeert.

Je ziet dat het helpt bij het behouden om overwicht om de andere regels goed te volgen. Zonder dat wordt het lastig om druk te behouden. Dan kun je wellicht de koning een keer schaak zetten, maar als de andere stukken niet op handige posities staan wordt het lastig om de druk vol te houden.

Let er op dat je niet zomaar zonder reden de tegenstander schaak zet. Sommige beginners zijn al blij als ze de ander even kort schaak kunnen zetten en doen dat dan ook onmiddellijk als ze zien dat het kan. Breng liever nog wat andere stukken in de buurt eerst voordat je iemand schaak zet. Dan vergroot de kans dat de tegenstander niet alleen de schaak moet verhelpen, maar ook rekening moet houden met daaropvolgende dreigingen zoals een pin, vork of dat de koning of een ander stuk als verdediger wordt weggelokt.

Oefenopgaven:

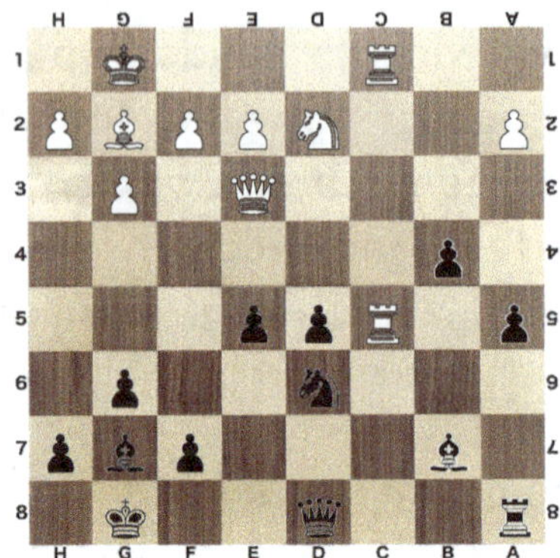

Vraag 55: Zwart is aan zet. Welke zetten kan zwart spelen welke de koningin onder druk zetten?

Vraag 56: Welke van die zetten zorgt dat je het initiatief behoudt en waarom?

Regel 24: Voorkom dubbele pionnen

Je spreekt van "dubbele pionnen" bij schaken als twee pionnen op dezelfde kolom belanden. Het nadeel van dubbele pionnen is dat ze elkaar niet kunnen beschermen en moeilijk kunnen bewegen omdat de onderste door de bovenste geblokkeerd wordt. Dit maakt ze gemakkelijke doelwitten voor de tegenstander.

Dubbele pionnen zijn niet per definitie "slecht", ze kunnen een onderdeel vormen van een strategie. Maar in de meeste gevallen zijn dubbele pionnen een zwakte. Niet alleen zijn de dubbele pionnen zelf moeilijk te bewegen, maar ook de stukken in de buurt zijn vaak moeilijker te bewegen. Zeker als de dubbele pionnen zich rond het centrum bevinden, kunnen ze de vrijheid van de andere stukken belemmeren, wat het moeilijker maakt de controle over het midden van het bord te behouden.

Dubbele pionnen zorgen vaak ook voor geïsoleerde pionnen. Een pion is geïsoleerd als er geen andere pionnen van dezelfde kleur in de naastgelegen kolommen staan. Geïsoleerde pionnen zijn kwetsbaar en dus een gemakkelijk doelwit voor de tegenstander.

Net zoals er dubbele pionnen bestaan, komen ook driedubbele pionnen nog al eens voor in het schaken als je niet op past. Zeker als op die kolom ook nog een pion van de tegenstander staat is dit een grote zwakte.

Soms kun je de pionnenstructuur weer herstellen door met een dubbele pion een stuk van de tegenstander te slaan. De pion komt daarmee weer op de naastgelegen kolom. Als je dubbele pionnen hebt, kijk dan altijd uit naar mogelijkheden om dit nadeel weer te herstellen. Vaak zijn dubbele pionnen een noodzakelijk kwaad, dus het is zeker niet zo dat je ze altijd kan verhelpen. Maar het is wel belangrijk om je te realiseren dat ze zeker geen voordeel zijn en dat je dus het liefst wel compensatie er voor krijgt op het moment dat het gebeurd, bijvoorbeeld doordat je een extra stuk verovert. Als je kan kiezen om het veilig te vermijden, zal dat meestal de voorkeur hebben.

Oefenopgaven:

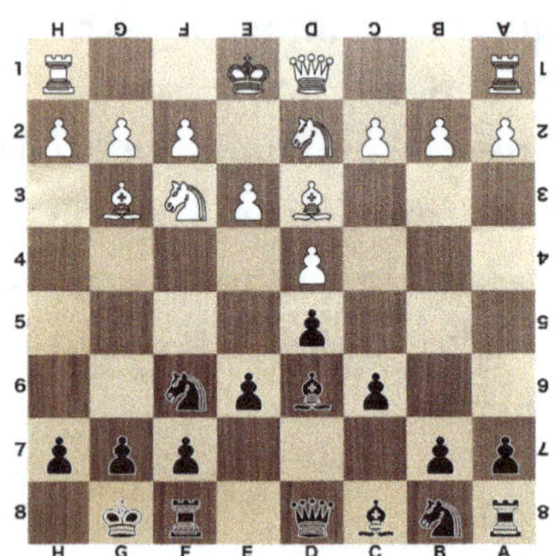

Vraag 57: In de linker positie, hoe kan zwart gebruik maken van de zwakte van dubbele pionnen?

Vraag 58: De positie rechts komt uit een partij van Hikaru Nakamura tegen Samuel Sevian in The American Cup 2023. Wie staat beter qua pionnen? Benoem drie zwaktes in de pionnenstructuur van de zwakkere speler. Hikaru Nakamura was met wit aan zet. Welke zet denk je dat hij speelde?

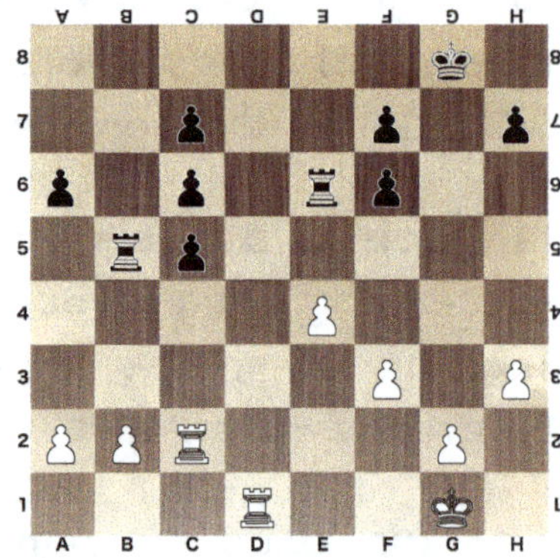

Regel 25: Kies voor een open of gesloten positie

Qua pionnen zijn er twee soorten posities waar het spel zich in kan bevinden: met veel pionnen in een gesloten positie, of met weinig pionnen in een open positie.

In een open positie hebben de lopers een voordeel, omdat ze makkelijk grote afstanden kunnen afleggen. In een gesloten positie hebben de paarden een voordeel, omdat ze over de gesloten posities heen kunnen springen.

Probeer dus als je ziet dat je twee lopers gaat overhouden en de tegenstander twee paarden, om de positie qua pionnen open te breken. Omgekeerd, als jij twee paarden hebt en je tegenstander twee lopers, probeer de pionnen dan op het bord te houden zo lang als je kan.

Door hier bewust over na te denken kan je net genoeg voordeel krijgen bij een gelijkwaardig aantal stukken om het spel te winnen. Dit komt doordat je beter kan bewegen dan je tegenstander: Óf sneller met de lopers aangezien er niets in de weg staat, óf sneller met de paarden omdat die er overheen kunnen springen.

Oefenopgaven:

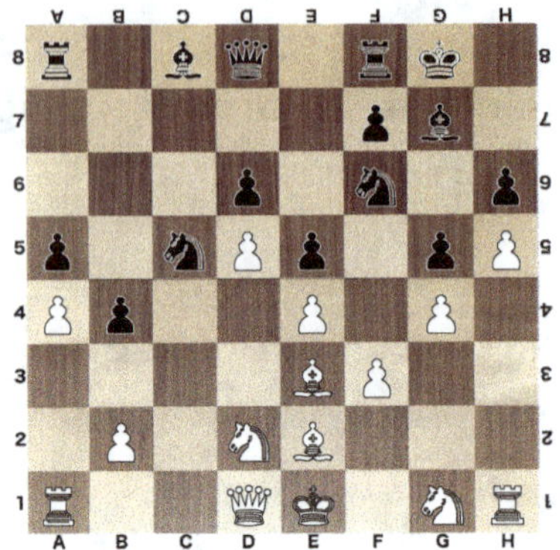

Vraag 59: Is de stelling links een open of een gesloten positie? In dit soort positie, wat is waardevoller, een loper of een paard? Wat is een goeie zet voor wit en waarom?

Vraag 60: Het spel heeft zich vervolgd tot de rechter positie. Wat is, op basis van je kennis over de open en gesloten posities, nu een goede zet?

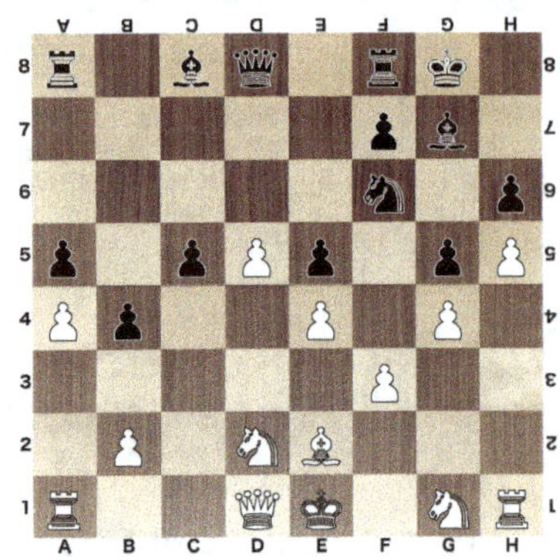

90

Als je ziet dat de ander een stuk opoffert of 'vergeet', pas dan op of er niet iets achter zit. Een beroemd voorbeeld is de "Oh no my queen" in de Stafford Gambit van Eric Rosen, waarbij het ogenschijnlijk vrij veilig slaan van de koningin in twee zetten leidt tot schaakmat. Maar er zijn ook kleinere offers die tot verlies kunnen leiden. Zo verloor Bobby Fischer ooit een belangrijke wedstrijd doordat hij een "vergiftigde pion" sloeg.

Die pion heet zo omdat het slaan van die pion leidt tot een vorm van verlies. Het meest bekende voorbeeld is de "Najdorf: Poisoned Pawn Variation":

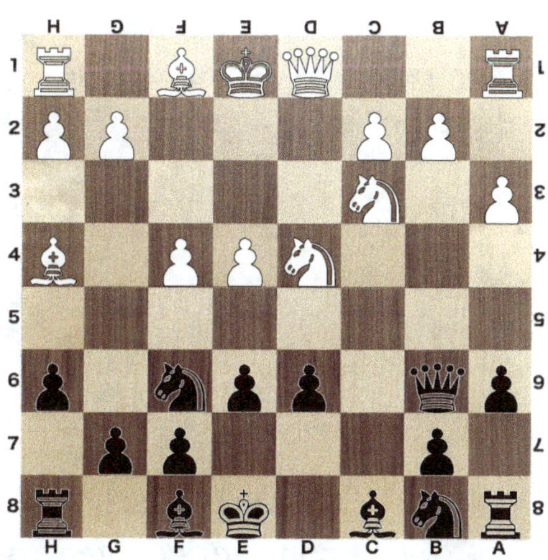

Op het eerste gezicht lijkt het voor zwart mogelijk om de pion op b2 met de koningin te slaan. Maar zodra zwart dat doet, verplaatst wit het paard van c3 naar a4. De koningin heeft plots geen veilige plek meer om heen te gaan. Het verplaatste paard valt haar aan en dekt ook c3 en het b6 veld waar de koningin vandaan kwam. Het andere paard dekt de b3 en b5 plekken en de pion dekt het b4 veld. Diagonaal wordt alles gedekt door de andere koningin en de toren. Het was echt een giftige pion die de zwarte koningin niet had moeten pakken. Een andere vorm van een vergiftige pion zou zijn als een verdediger wordt weggelokt.

Het slaan van een vergiftigde pion kan overigens de beste overkomen, zoals bleek tijdens het kampioenschap in 1972: Bobby Fischer met zwart sloeg de witte h2 pion met zijn loper, waarna Boris Spassky de g2 pion naar g3 verplaatste (gedekt door de pion op f2). De loper van Bobby Fischer zat gevangen terwijl de koning dichterbij kwam! Die partij verloor hij daardoor, maar hij werd uiteindelijk desondanks toch wereldkampioen.

Oefenopgaven:

Vraag 61: Kun je een reden bedenken waarom wit niet de pion op e4 zou moeten slaan?

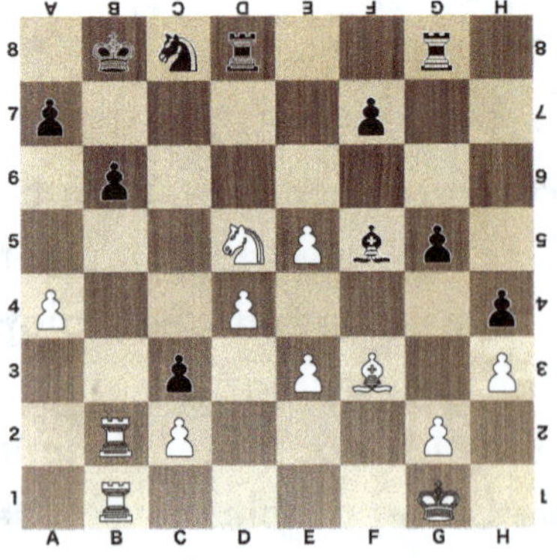

Vraag 62: In de linker positie, je zou verwachten dat wit met het paard de pion op c3 slaat. Wit beweegt echter het paard naar b4. Zwart kan met de pion de toren slaan! Waarom zou zwart dat beter toch niet moeten doen? Wat kan zwart beter doen nu?

Regel 27: Geef nooit zomaar op, maar martel jezelf niet

Geef niet zomaar op!

Ik zeg zomaar, want geef "nooit" op leidt tot een soort vreselijke marteling op het eind waarbij de ene speler steeds maar weg moet springen met zijn koning en de ander diens stukken één voor één opslokt. Dat is voor niemand leuk en dat is ook niet leerzaam. Als je echt flink achter staat, geef dan gewoon op en speel een nieuw potje, dat is veel leerzamer.

Maar geef niet direct op als je onverwacht een stuk verliest. Sommige speler geven direct op als ze iets achter komen te staan. Op topniveau is het zeker raadzaam om, als je een paard of loper verliest zonder compensatie, op te geven. Dat haal je dan nooit meer in. Maar speel je niet op topniveau, dan is de kans dat de ander ook een fout begaat ergens iets verderop in het spel, best groot.

Ook wil het nogal eens gebeuren dat de speler die een stuk meer heeft niet al zijn stukken gebruikt. Zorg dat als je achter staat dat je in elk geval al je stukken op actieve plekken in het spel zet. Neem desnoods iets meer risico. Zolang je achter staat en bijna gaat opgeven, kun je gerust wat risico lopen in een poging de situatie om te draaien.

Opgeven kan altijd nog, als het verschil echt te groot wordt. Soms kun je bijvoorbeeld ook nog op het eind plots een mooie schaakmat op de achterste rang er uit halen, waarbij de koning gevangen zit achter zijn eigen pionnen. Probeer simpele aanvallen, wellicht ziet de ander er eentje over het hoofd.

Vraag 63: Wit is aan zet en speelt d8=Q, oftewel promoveert de pion naar een koningin. Zou zwart nu moeten opgeven, of kan hij beter nog even doorspelen?

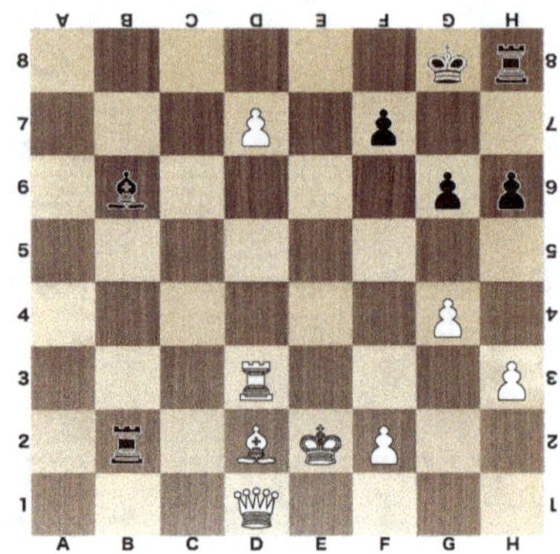

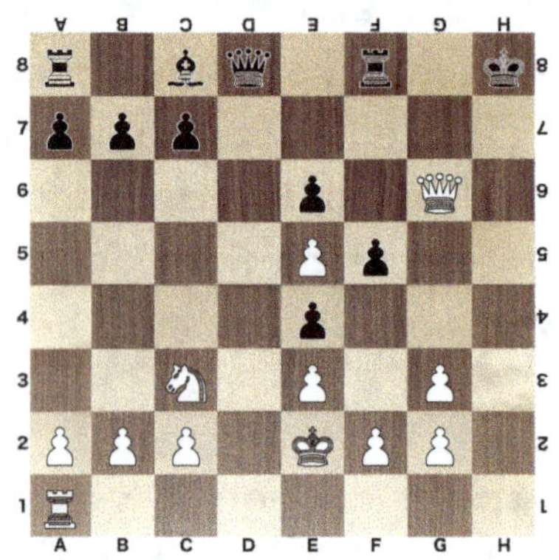

Vraag 64: Zwart is aan zet. Kan zwart beter opgeven of zijn er nog kansen?

Regel 28: Haastige spoed is zelden goed

Zeker als je tegen een zwakkere speler speelt, probeer je niet te haasten om van de ander te winnen. Bij een gelijkwaardig spel zijn beide spelers meestal wel voorzichtig. Maar als men weet dat de ander een zwakkere speler is, wil men nog al eens onvoorzichtig handelen. Bijvoorbeeld door al vroeg met de koningin aan te vallen.

Je loopt daarmee zeker bij een zwakke speler het risico dat die dusdanig vreemde zetten doet, dat je plotseling geen ruimte meer hebt voor die koningin om veilig weg te komen. Niet doordat de ander zo'n geniaal plan had om de koningin in de val te laten lopen, maar puur doordat je terecht komt in een chaotische positie die volstrekt onbekend is.

Bouw je aanval altijd netjes gedegen op. Speel degelijk. Speel kalm en neem de tijd. Natuurlijk is het erg stoer om in weinig zetten te winnen, maar arrogantie komt voor de val. Als de ander je koningin weet af te pakken, zelfs als je uiteindelijk alsnog weet te winnen, zal de ander je daar nog tijden aan blijven herinneren.

Vraag 65: In de positie links is wit aan zet. Wat is de beste zet voor wit? Wat moet wit zeker niet doen?

Vraag 66: Wit heeft de koningin gehaast naar voren gebracht na "1. e4 ... e5" met "2. Qh5" (koningin naar h5). We speelden "2. ... Nc6" (paard naar c6) om de pion te verdedigen en wit speelde daarop de loper naar voren met Bc4. Samen met de koningin dreigt nu schaakmat als de koningin de f7 pion slaat. Hoe 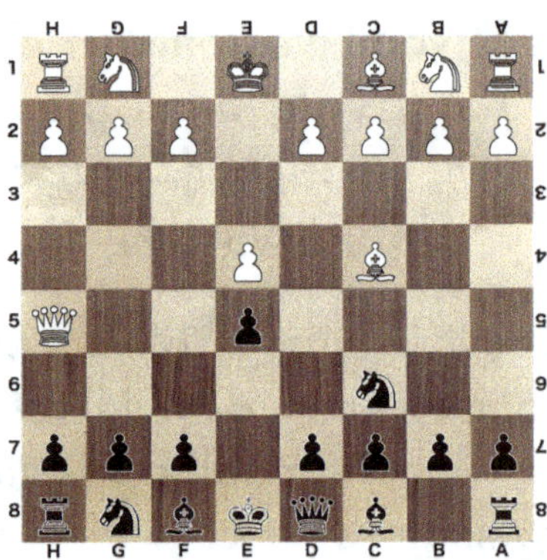 verdedigen we ons hier tegen? Als de koningin daarna naar f3 gaat, wat kunnen we dan doen? Wie is er hierna in het voordeel: wit of zwart?

Regel 29: Noteer elk spel

Ik raad erg sterk aan om elk spel dat je speelt op te schrijven. Niet dat je elk spel tot in den treuren moet gaan analyseren. Soms is het gewoon erg duidelijk waar je een blunder beging. Maar vaak ook niet, en juist in zo'n wat betere partij is het erg interessant om achteraf te zien welke mogelijkheden je gemist had. Maar ook om te kijken bij een zet waar je twijfelde wat te doen, wat dan volgens de computer de beste zet was geweest.

Soms zul je ook zien dat je opnieuw in een bekende situatie komt waar je opnieuw niet goed mee om weet te gaan. Dan is het erg handig om die situatie en al zijn varianten op de computer te kunnen bekijken.

De beste zet volgens de computer is niet altijd de beste zet voor jou als amateur speler. Soms is het verstandiger om een zet te doen die gemakkelijker te begrijpen is en zeker tot winst leidt, ook al is het wellicht niet de kortste weg. Juist met de computer kun je al die varianten bekijken en onderzoeken.

Je zult zien dat als je tegen dezelfde tegenstanders vaak speelt dat ze ook vaak dezelfde openingszetten doen. Als je die genoteerd hebt, kun je achteraf die bestuderen om er fouten in te vinden en de ideale zetten te ontdekken. Ook kun je in de computer bekijken welke opening het is die de ander speelt. Er zijn van elke opening uitgebreide instructies te vinden die specifiek een antwoord zijn op die opening. Bestudeer die.

Oefenopgaven:

Vraag 67: Stel dat je in de rechter positie de linker toren naar d1 wil bewegen, hoe noteer je dat? En de rechter toren?

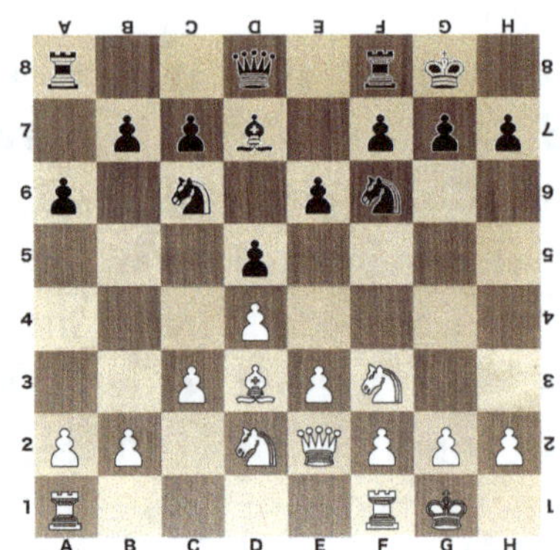

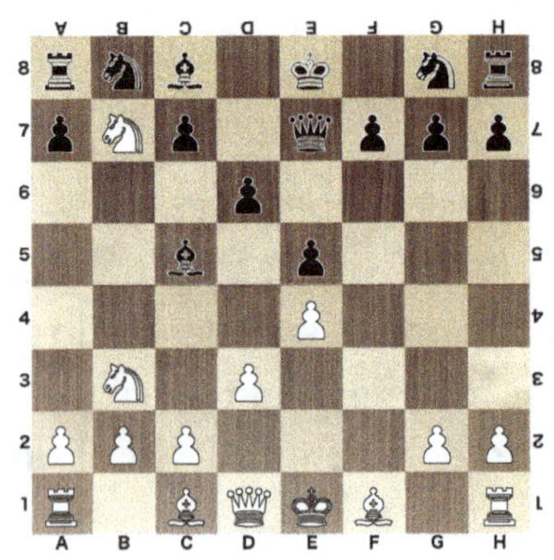

Vraag 68: Met welk van de twee paarden kan wit in de linker positie het beste de loper slaan? En hoe noteer je dit?

Vraag 69: Noem 3 voordelen van het gebruik van Engelse notitie in plaats van Nederlandse.

Regel 30: Regels zijn er om te breken

Deze regels zijn geen wetten. De wet mag je niet breken, deze regels wel. Realiseer je niet alleen welke regels er zijn en volg ze trouw, maar begrijp ook goed waarom de regels er zijn en herken de situaties waarin ze niet gelden. Dat maakt je tot een nog sterkere speler dan een speler die deze regels altijd trouw volgt.

Schaken is een spel van creativiteit en het volgen van regels geeft je houvast zoals een kunstenaar die bepaalde regels hanteert over de compositie van een schilderij. Maar echt geweldige kunst ontstaat pas als die regels op het juiste manier en met de juiste redenatie wordt doorbroken.

Dat betekent dus niet dat je de regels zomaar naast je neer kan leggen of dat ze onbelangrijk zijn. Je moet de regels juist bijzonder goed kennen om ze op het juiste moment onder de juiste voorwaarden te kunnen doorbreken. Zo zeg ik "hou het simpel", maar als je aan het verliezen bent, kun je wellicht beter een erg complexe positie met veel druk aan allerlei kanten tegelijkertijd veroorzaken, in de hoop dat je tegenstander in de war raakt en alsnog een fout maakt.

Wees creatief en vertrouw op je intuïtie. Gebruik de regels om een solide basis en vertrouwen in het spel te krijgen. Beleef vooral plezier aan het spel en gebruik de regels als een instrument dat je kan helpen wanneer je die hulp nodig hebt.

Veel plezier en winst in het schaken!

De Orang-Oetan (oftewel Poolse opening) is
één van de vele degelijke, maar ongewone
openingen die je zou kunnen leren om
verder te komen in het spel.

3. Hoe nu verder

Nu je de spelregels en deze basisregels kent, is het vooral van belang dat je begint om veel te spelen. Doe ervaring op. Daarmee bouw je ook aan je intuïtie. Leer van je fouten. Zorg dat je altijd weet waarom een partij mis ging en leer van je fouten. Maar ook als een partij goed ging, bekijk zo'n goede partij eens. Had je het wellicht nog beter kunnen doen? Ben je misschien een blunder begaan die zowel jijzelf als je tegenstander niet zagen?

Qua openingen zou ik aanraden om te beginnen met het "The London Systeem" (Het Londen Systeem) en "The Scottish Game"(Het Schotse). Daarnaast kan het leuk zijn om wat gambieten te leren, mijn persoonlijke favoriet is die van Eric Rosen: The Stafford Gambit. Vooral omdat die zo divers is.

Geef vooral niet op als je verliest. Zie elke verloren partij als een mooie leer bron. Je leert meer van een verloren partij dan van een gewonnen partij.

Speel je veel tegen dezelfde spelers? Leer welke openingen zij gebruiken en bereid je voor op deze openingen. Probeer ze bewust uit hun comfort zone te halen met weinig bekende zetten.

Probeer ook eens een onbekendere opening te leren, zoals bijvoorbeeld de Orang-Oetang opening (in het Engels Orangutan opening, maar het wordt ook wel de Poolse opening genoemd). Als je zo'n onbekende opening goed beheerst kun je daar veel voordeel uit halen, zeker ook tegen spelers die wel al enkele openingen kennen, maar jouw onbekende opening niet beheersen.

Het allerbelangrijkste is om veel te spelen en veel ervaring op te doen. Probeer niet steeds nieuwe openingen, maar verdiep je in één of twee en blijf die herhalen. Hoe meer je speelt, of je nu wint of verliest, elke keer kan je weer leren. Bekijk je spellen terug en gebruik de computer om te zien welke zetten je goed speelde en welke niet. Ook bij een partij die je wint zul je waarschijnlijk nog veel fouten maken waar je van kunt leren. Bij een verloren partij speelde de tegenstander misschien heel goed, maar misschien waren er ook wel kansen die je had kunnen benutten. Neem de tijd om oude partijen van jezelf terug te kijken.

Vergeet vooral niet te genieten van de elegantie van het spel. Veel succes met schaken!

Sander R. Smit

4. Antwoorden oefenopgaven

1.   Zwart zal zijn loper naar f2 en slaat de pion die daar staat. Hij zet ons schaak en we kunnen enkel nog naar e2 met onze koning. Vervolgens speelt zwart de andere loper naar g4 en zet ons schaakmat. Die koningin kunnen we dus beter niet slaan!

2.   Zwart zal opnieuw zijn loper naar f2 spelen en ons schaak zetten. Als we nu die loper slaan met onze koningin, is onze witte koningin niet langer gedekt en wordt geslagen door de zwarte koningin. Als we de loper niet slaan, speelt zwart de andere loper naar g4 en zet ons schaak. Nu kunnen we enkel nog de eerste loper slaan met onze koning. Alsnog komt de koningin daarmee ongedekt te staan en wordt geslagen door de zwarte koningin. We staan nu zo ver achter dat we feitelijk kansloos zijn.

3.   De beste zet is onze loper terug naar e3. Vermoedelijk zal de zwarte loper die dan slaan. We slaan niet terug met de pion, want dan kan de zwarte koningin naar h5 gaan en ons het heel lastig maken. We laten de pion staan en gaan met onze koningin naar f3. Daarmee bedreigen we het paard . Zwart kan nog steeds de pion met de loper slaan, waardoor onze koning een stapje naar voren moet, maar daarna kunnen wij het paard slaan als het niet weggaat. Als het paard wel vertrekt slaan we de loper. Qua stukken hebben we nu geen achterstand, positioneel staan we er wel slecht voor, maar het is mogelijk nog speelbaar. Wit staat positioneel behoorlijk voor, maar wellicht maakt de tegenstander later een fout. Is het een erg sterke speler, dan is het wellicht beter om hier op te geven. Dit is een erg complexe positie waar eigenlijk geen goede uitweg meer voor is. De echte fout was dat we eerder de loper naar b5 gezet hebben terwijl koning en koningin beide weinig bewegingsvrijheid

hebben en de zwarte loper hen al ernstig bedreigd. Wil je meer leren over deze positie, kijk dan eens naar de Stafford Gambit. Deze positie is de bekende "Oh no my queen" die beroemd gemaakt werd door IM Eric Rosen.

4.   Dit zijn pion naar d4 en pion naar e4. Met deze pion bewegingen wordt de lopers meteen vrijheid gegeven om te bewegen en men pakt controle over het kruislings gelegen midden veld, dus d5 of e5. Ook staat de pion zelf direct op een middenveld, waardoor de tegenstander daar niet met diens pion van die kolom kan gaan staan.

5.   Het meest gebruikelijke antwoord is om het spiegelbeeld te spelen, dus speelt wit d4 dan speelt zwart d5, en speelt wit e4 dan speelt zwart e5.

6.   De middelste vier velden zijn d4, d5, e4 en e5. Zowel de loper op b2 als het paard op f3 hebben controle over d4 en e5. De e3 pion heeft controle over d4. Enkel d5 is nog geen controle over, maar dit zal in de volgende stappen zeker gebeuren

7.   "The London System" begint met pion naar d4, daarna loper naar f4, en dan pion naar e3.

8.   De tweede loper gaat naar d3. Daarna de paarden onder de lopers, dus d2 en f3.

9.   Loper naar b5 geeft schaak, maar zwart kan gemakkelijk de schaak voorkomen door de c7 pion naar c6 te spelen. Zwart verplaatst daarmee een stuk naar een betere positie, terwijl de witte loper direct in gevaar komt. We moeten de witte loper in dat geval dus direct nog een keer spelen (bijvoorbeeld alsnog naar de goede positie d3) en geven daarmee wit onnodig een extra tempo. Het is dus beter om direct naar d3 te gaan.

10.   In dit geval wordt onze loper op f4 bedreigt door de zwarte loper. Hij is weliswaar gedekt, maar als hij ons slaat blijven we achter met een pion op f4 die onbeschermd staat. Het is beter om de bedreigde loper eerst 'veiliger' te zetten op g3. Als zwart dan alsnog slaat, kunnen we met de h2 pion terug slaan. Die pion staat dan meteen veilig gedekt op g3 en we hebben dan tegelijk een mooie open kolom voor onze h1 toren om aan te vallen. In dit geval is er dus een valide reden om die loper nog een tweede maal te bewegen.

11.   Het paard kan 4 velden bereiken. Twee daarvan liggen overigens op de rand en zijn dus minder aantrekkelijk om naar toe te springen.

12.   Het paard kan de maximale 8 velden bereiken

13.   In dit geval kunnen we niet met de a3 pion terug slaan: doen we dat wel, dan slaat de zwarte toren onze toren zonder dat we kunnen terug slaan. Dus hier slaan we liever met de c3 pion. Zwart kan hierna overigens onze b4 pion slaan met het paard, het is belangrijk dat we dan niet terugslaan met de a3 pion, want dan verliezen we alsnog de toren.

14.   In dit voorbeeld uit de Poolse opening is de witte toren achter de pion op a4 gedekt door de loper op b2. We kunnen hier dus veilig terug slaan met de a4 pion en dit geeft een licht voordeel tov slaan met de c4 pion. Er is bovendien de kans dat zwart niet ziet dat ze daarna onze witte toren moeten slaan met de zwarte toren. Slaan ze die wel dan slaan we terug met de b2 loper, maar kijken ze er overheen dan kunnen we bij de volgende beurt de a8 toren veroveren met onze a1 toren, zonder dat die terug geslagen kan worden. We komen in dit geval meteen op een flinke voorsprong.

15. Zwart kan beginnen met het paard te slaan met de loper. Wit zal de loper dan terug moeten slaan met een gelijkwaardig stuk om niet op achterstand te komen, dus slaat met de loper terug. Zwart slaat die loper met een toren. Met het paard slaan zou kunnen veroorzaken dat wit iets anders gaat doen. Maar nu wordt wit vrijwel gedwongen om met een toren terug te slaan. We slaan die toren met onze andere toren. Als wit niet terug slaat met zijn toren, staan we een paard extra voor, dus wit zal haast wel moeten slaan met zijn toren, die dan verdedigd staat door zijn koning. We slaan die toren met ons paard, die vervolgens door de koning wordt geslagen. Nu hebben beide spelers enkel nog pionnen en de twee koningen. Door het overschot aan pionnen van wit zou wit nu vrij gemakkelijk moeten kunnen winnen. Doordat er geen andere stukken meer zijn kan zwart ons niet meer verrassen met slimme tactieken.

16. We hoeven niet persé de f5 pion naar de overkant te krijgen, maar we dreigen er wel mee. We zetten onze koning naar voren. Zodat we met de f5 pion naar f6 kunnen gaan in de volgende stap. Doordat onze koning hem beschermd kan de zwarte koning hem niet slaan, maar hij kan er wel voor gaan staan. Om het simpel te maken kunnen we dan met onze koning naar de linker zwarte pionnen gaan en die slaan. Zwart kan de pion op de f kolom niet achter laten en de pionnen links helpen, want dan promoveert de f pion in twee stappen. Dus terwijl zwart die pion slaat, hebben we de tijd om de zwarte pionnen links weg te halen en onze pionnen veilig samen naar boven te laten komen. Zodra een van hen promoveert is het voor zwart feitelijk voorbij.

17. Wit heeft een toren waar zwart een paard heeft, een toren is 5 punten en een paard 3 punten. Het verschil tussen wit en zwart is dus 2 punten verschil in het voordeel van wit. Als alle andere stukken er nog zijn dan kunnen we gaan tellen: 8x1 voor

de pionnen, elk 2 lopers dus 2x3, elk een koningin a 9 punten. Dus de gelijkwaardige stukken zijn samen 8+6+9= 22 punten. Zwart heeft dan nog 2 paarden en 1 toren, dus 2x3+5= 11 punten extra. Wit heeft nog 2 torens en 1 paard, dus 2x5+3 =13 punten extra. Dus zwart heeft in totaal 33 punten, wit heeft 35 punten. Procentueel heeft zwart 33/35 x 100% = 94,3% van de waarde van wit qua stukken.Na het uitwisselen heeft elk nog 8 pionnen, zwart heeft nog een paard á 3 punten en wit heeft nog een toren á 5 punten. Zwart heeft nu dus in totaal 11 punten en wit heeft 13 punten. Het verschil is nog steeds 2 punten. Maar procentueel heeft zwart nu nog slechts 11/13 x 100% = 84,6% van de waarde van wit qua stukken. Het uitwisselen gaf wit dus een voordeel van bijna 10 procentpunten.

18.   Wit kan de loper op d6 slaan. Zwart zal terug slaan met de koningin, die op een positie daarmee komt die door de witte pionnen niet bijzonder goed is. Zwart heeft dus niet persé een voordeel uit deze uitwisseling, terwijl het wel overzichtelijker wordt met een loper minder. Het is een veilige, defensieve zet.

19.   We kunnen de loper naar e2 bewegen. Dat geeft ruimte aan de koning om te rokeren aan de koningszijde. Aangezien er geen actieve bedreigingen zijn van zwart is dat waarschijnlijk een veilige manier om het spel te vervolgen. Blijf wel opletten wat zwart speelt! Als zwart na onze zet paard naar e2 het paard naar g4 zet bijvoorbeeld, moeten we wel even goed controleren of alles nog steeds veilig is. Is er bijvoorbeeld een vork mogelijk met het paard of een schaakmat samen met de koningin? In dit geval is het zelfs dan veilig om te rokeren, maar blijf alert! Overigens is paard naar e5 in deze positie een betere zet voor wit, maar een meer aanvallende zet. Voor een beginnende speler is de "beste zet" volgens de computer niet altijd de beste zet om te spelen. Soms is het beter om veilig en voorzichtig te zijn in plaats van een complexe situatie te creëren die theoretisch

beter is.

20.   In elk van de posities hebben de twee paarden dezelfde vrijheid om te bewegen. Met d3 heeft wit ruimte gegeven aan de c1 loper, die kan vrij bewegen op de c1-h6 diagonaal. De witte koningin kan 1 veld bewegen. Met d4 heeft de loper dezelfde vrijheid, maar de witte koningin kan 1 of 2 velden vooruit. Met e3 en e4 krijgt niet alleen de f1 loper vrijheid op f1-a6 diagonaal (vergelijkbaar met de andere loper bij d3 of d4) maar krijgt ook de koningin volle vrijheid om te bewegen over de d1-h5 diagonaal.

21.   De beste zet voor wit is loper f1 naar e2. Hiermee voorkomt wit dat de koning te weinig vrijheid krijgt. Het gevaar dat op de loer ligt is paard neemt e4 of paard naar g4. Speel je met de andere loper bijvoorbeeld c2, dan an zwart paard g4 spelen. Tezamen kijkt het zwarte paard en de zwarte loper naar f2, welke moeilijk verdedigbaar is. Loper naar c5 wat een pin van het paard aan de koningin maakt lost het helaas ook niet op, in dat geval kan zwart de pin negeren en alsnog paard naar e4 spelen. Neemt zwart dan de koningin, dan is er een gedwongen schaakmat van de twee zwarte lopers doordat de koning te weinig vrijheid heeft. Loper naar e2 zorgt er in elk geval voor dat het paard geslagen kan worden mocht het naar g4 komen. Dan nog is het oppassen voor wit, maar wit staat dan voor. Loper e3 zorgt voor een gelijkwaardige positie, loper e2 voor een voorsprong. De andere opties loper d2 en loper f4 doen niets aan het probleem met de vrijheid van de koning en de zwakte van f2. Loper e2 zorgt er voor dat de koning kan bewegen en zelfs kan rokeren.

22. Het paard is gedekt door de pion op d4, dus op het eerste gezicht lijkt het paard veilig te staan. Maar e5 wordt aangevallen door zowel het zwarte paard op d7 als de koningin, dus als we

ons paard op e4 zetten, kan zwart het slaan met de het zwarte paard van d7. Doen we niks, dan staan we een heel paard achter. Slaan we terug met de pion, dan slaat zwart die pion met de koningin. We hebben dan een paard gewonnen, maar een paard en pion verloren, dus de uitwisseling is niet goed voor ons, we verliezen een pion meer. Dus paard naar e5 is niet een veilige zet.

23.   Als het paard naar d5 zou gaan hebben we hetzelfde probleem als bij vraag 20: We verliezen een pion omdat d5 door twee stukken van zwart aangevallen wordt. Veld b5 is sowieso niet veilig door pion a4. Veld a2 en e4 kunnen we niet heen door onze eigen pionnen en d1 is geblokkeerd door onze eigen toren. Dan blijft over a4, b1 en e2 als redelijke posities. Op b1 blokkeer je je eigen koning teveel, dus die liever niet. Velden a4 en e2 hebben dus de voorkeur. Eenmaal kiezen tussen die twee dan staat het paard bij a4 ongedekt en bij e2 gedekt door de loper. Het beste is daarom e2.

24.   Het beste wat wit kan doen is de pion op f7 slaan met die loper. De zwarte koning zal die terug slaan, maar in elk geval hebben we dan nog wat compensatie: we hebben de pion terug gekregen, de zwarte koning staat op een onveilige plek en de zwarte koning kan niet meer rokeren. Deze val waar wit in liep heet overigens de "Noah's Ark Trap".

25.   Magnus speelde loper slaat de loper op e4. Nadat de witte loper zijn koningin heeft geslagen gaat hij terug met zijn loper naar c6. Hij kreeg op die manier in elk geval nog een loper terug voor zijn koningin en haalde de dreiging van die loper weg. Overigens was dat niet voldoende om te winnen, maar het was het beste wat hij nog kon doen in deze positie.

26.   Zwart kan het beste naar e6 gaan. Zwart moet in elk geval

niet de pion op b5 slaan. De zet e3 van wit bedreigt namelijk niet alleen het paard, maar zorgt ook dat de pion gedekt wordt door de loper. Als zwart slaat, is zwart het paard kwijt voor een pion.

27.   De zwarte koningin op a5 kan nu geslagen worden door loper op d2. Beter was geweest koningin naar d8, wat ook direct de pion op d6 beschermd. Het verliezen van een koningin zonder voldoende compensatie wordt ook wel een "Botez-Gambit" genoemd. Het is geen echte gambiet, maar een grapje van Alexandra Botez omdat zij haar koningin nog wel eens op dergelijke manieren weet te verliezen. Pas altijd op dat je geen Botez Gambit speelt!

28.   In deze situatie is het niet veilig om te rokeren. De pion waar de koning onder komt staat naar voren, waardoor de plek erg onveilig wordt. Zwart kan met de loper naar h3 gaan. De pion op f2 kan niets slaan door de pin met de koning door de zwarte loper.

29.   In tegenstelling tot de vorige situatie is het hier wel veilig om te rokeren. De loper op g2 verdedigt de onveiligheid van de pion die naar voren staat. Zwart kan niet naar h3 gaan

30. Als zwart nu rokeert, kan wit iets spelen dat de "Greek Gift" (het Griekse geschenk) wordt genoemd: Wit slaat met de loper pion h7. Het 'geschenk' accepteren zoals het paard van Troje, dan brengt dit de andere stukken van wit in het veilige kasteel van de zwarte koning. Als zwart het geschenk accepteert en met koning slaat, kan wit de koning daarna schaak zetten met het paard naar g5. Gaat zwart dan terug met de koning, dan brengt wit de koningin erbij en is schaakmat niet meer te stoppen (met koningin op f7 of h7). Overigens leidt "niet accepteren" van het geschenk ook tot problemen van zwart, doordat de combinatie van loper en koningin ook tot problemen leidt. Het

rokeren is in dit geval dus niet goed. Let altijd op of deze combinatie aanval van paard, loper en koningin op de loer ligt!

31. De loper krijgt bewegingsruimte, de pionnen staan niet langer in de weg.

32. We hebben de optie voor een uitwisseling van de twee zwarte lopers. De witte pionnen staan op vooral zwarte velden, dus voor wit is de loper die op de zwarte velden zwakker dan de de loper die op de witte velden staat. Voor zwart is het omgekeerd, de loper op de zwarte velden is de sterke loper, want de meeste van zijn pionnen staan op de witte velden. De lopers die op de zwarte velden uitwisselen is dus een aantrekkelijke zet in deze positie, volgens een analyse met Stockfish (schaaksoftware) zelfs de beste zet. Alternatief zou je ook de zwarte loper naar g3 kunnen bewegen, als zwart dan de lopers uitwisselt kun je dan met pion h2 terug slaan, waarmee je een open kolom voor de toren creëert. Als zwart verstandig is, slaat hij dan echter niet, maar start een andere dreiging of ontwikkeling. Daarom is loper d6 slaan de beste zet.

33. Wit moet één van de twee toren op de open c kolom zetten. Het maakt niet uit welke.

34. Als zwart niet nu ook één van zijn twee toren op de c kolom zet, maar bijvoorbeeld b5 speelt. dan zou wit naar c7 kunnen gaan en later toren c1 spelen. Wit kan de zwarte pionnen dan van achter aanvallen voor ze naar voren kunnen marcheren. Dus zwart is gedwongen om ook een toren op c8 te zetten, het maakt niet uit welke van de twee.

35. Wit moet niet de torens gaan uitwisselen, want dan krijgt zwart de controle over de open kolom. In plaats daarvan kan wit nu wel zijn pionnen aan een opmars laten beginnen met

bijvoorbeeld ze zet pion naar b5. De positie blijft gelijk. Zowel wit als zwart zullen uiteindelijk hun koning erbij moeten gaan betrekken en een voorzichtig pionnen eindspel spelen.

36.   In dit geval is er een grote dreiging van zowel de loper als de toren op de h7 pion. Zou wit die kunnen aanvallen, dan wordt de hele positie opengebroken. We zouden pion h6 kunnen overwegen, maar de opmars van de dubbele pionnen op de g kolom kan dan nog steeds voor problemen zorgen. Het paard dichterbij halen is ook zeker niet voldoende: Als wit de h pion slaat, is het mat in 5 zetten (Wit slaat de pion, koning moet gedwongen naar h8, loper beweegt terug, koning moet weer naar g8, koningin komt naar h5 en is in combinatie met de toren niet meer te stoppen). De beste zet is pion naar f5. Dit blokkeert de loper en een opmars van de pionnen op de g kolom. Door die zet moet de zwarte loper verder terug, en krijgen we een tempo om het paard er wel bij te halen voor meer verdediging. Het wordt een lastige strijd, maar het is nog niet verloren.

37.   Elke van de pion zetten lijdt tot problemen, terwijl de positie voor zwart hier nog bijna gelijk is. De beste zet voor zwart zou zijn om de koningin naar d8 te zetten, als ondersteuning voor de loper. *Pion naar f6:* Wit kan met de loper h7 slaan. Als zwart die loper slaat kan de witte koningin naar g6 en de volgende zet het paard naar e6. Het paard bedreigt de koningin en tegelijk dreigt koningin naar g7 schaakmat. *Pion naar f7:* Blokkeert in elk geval de loper uit het vorige plan en ook het paard kan niet direct naar e6 vanwege de koninginnen ruil. Maar met offer loper naar a5 kan het paard alsnog naar e6 nadat de koningin de loper slaat. Slaat de koningin niet de loper, dan is zwart de koningin kwijt. Met g6 en vervolgens b4 kan de koningin weggeleid naar a4. Het witte paard kan toren f8 slaan. De zwarte koningin en stukken staan erg onveilig en de koningin kan hen niet helpen. Wit zou gemakkelijk moeten winnen hier. Pion naar g6: Het witte

paard kan g6 slaan. Wisselt wit nu koninginnen uit, dan kan wit nog eerst de tussenzet paard slaat de loper op e5 met schaak spelen, waarna daarna alsnog de koningin wordt geslagen mat de paard naar g3. De witte koning behoudt een veilige pionnenstructuur terwijl zwart een loper minder heeft en een onveilige koning. Slaat zwart het paard terug met hxg6 of fxg6 dan kan wit de zwarte koningin slaan zonder diens koningin te verliezen. *Pion naar g5:* Lijkt op het eerste gezicht fraai omdat de zwarte pion gedekt is door de loper en het paard direct weg dringt. Maar het paard kan naar d5, waar het een veilige vork kan maken tussen loper en koning bij het slaan van loper e7, waardoor een koninginnen ruil niet goed is. Door de dreiging van de koningin op de andere koningin kan zwart ook niet het paard slaan, want dan is zwart de koningin kwijt zonder compensatie. De zwarte koningin moet naar d8. Met loper naar a5 bedreigt wit dan alsnog die vork te spelen als de zwarte koningin die loper slaat. Gaat de zwarte koningin naar e8 dan is er een vork tussen koningin en toren door paard naar c7. Zwart verliest dus teveel stukken. *Pion naar h6 of h5:* Wit speelt paard naar d5, net als bij de vorige zet. Opnieuw hetzelfde probleem qua vorken en dus met stukken die zwart dreigt te verliezen.

38.   We spelen paard naar b5. We dreigen daarmee toren en koning gelijk aan te vallen door met het paard naar c7 te gaan bij de volgende zet. Doordat ons paard gedekt is door de loper, kan de koningin deze niet slaan. De koningin had een verdedigende taak die ze met haar eenzame aanval niet vervuld en kan ook niet zelf in haar eentje iets veilig aanvallen, aangezien alles gedekt staat.

39.   We spelen toren naar b1, om de b pion veilig te stellen. De zwarte koningin staat nu op een zinloze positie. Pion d slaat pion c5 is ook een prima zet, daarmee wordt de zwarte koningin weggejaagd van de b kolom. Als zij dan de c5 pion terug slaat,

is zij ook geen bedreiging meer voor onze b pion. Wij kunnen daarna door gaan met loper naar e3 en vervolgens links of rechts rokeren.

40. Zwart kan ook blokkeren met de loper naar b7. Dat dwingt de witte loper ook om direct te verplaatsen en ontwikkelt tegelijk ook die loper.

41. Zwart kan met de koning naar e7. Door te bewegen geeft zwart het recht om te rokeren op. Bovendien heeft de zwarte koning weinig bewegingsruimte zolang de witte loper er blijft staan.

42. Zwart zou wit enkel schaak kunnen zetten door de koningin te slaan met de zwarte koningin. Wit kan daarop de koningin weer terug slaan met de koning of met het paard op f3. Als wit slaat met de koning verliest hij het recht op rokeren en heeft het een doel gediend, maar aangezien wit ook met het paard kan terug slaan is het volkomen zinloos.

43. Er zijn twee mogelijkheden: Koningin naar d5 en loper van f1 naar c4.

44. Loper naar c4 is zinnig: het dwingt zwart om óf te blokkeren met de toren, óf weg te lopen met de koning naar g7 of h8. Als zwart blokkeert met de toren kunnen we die toren slaan, zwart zal terugslaan met de koning, waarna we de koningin kunnen slaan met onze koningin. Als zwart weg stapt met de koning slaan we met onze andere loper e5 en staat de zwarte koning weer schaak. Dan kan zwart nog blokkeren met de koningin, waarna we die slaan, of met de toren, waarna we de koningin kunnen slaan met onze koningin.

45. Zwart had eerder moeten controleren of er mogelijkheden waren waarop wit schaak kon zetten voordat de koninginnen zo

vrij tegenover elkaar kwamen te staan. Door de schaak, kan zwart de koningin niet in veiligheid brengen en gaat deze verloren nadat de verdediger, de zwarte toren, weggelokt is.

46. Zwart kan de witte pion slaan met de zwarte loper, maar dan slaat wit met zijn loper de pion op g7. Zwart kan dan niet voorkomen dat die witte loper ook de toren op h8 slaat. Dus nee, zwart kan niet veilig de witte pion slaan. Zwart zal eerst iets aan de veiligheid van g7 moeten doen, bijvoorbeeld door het paard te ontwikkelen.

47. Koningin neemt pion op f7 is direct schaakmat, dankzij de loper op a2

48. Wit kan paard neemt pion op f7 spelen. De zwarte koning kan die niet slaan vanwege de loper. Het is een vork tussen de koningin en de toren. Zwart kan de koningin dan redden door koningin naar e7, maar wit slaat daarna dan de toren op h8. Het paard kan ook nog eens veilig weg komen, dus zwart staat direct flink achter

49. Zwart kan nu de pion op f2 slaan. Dit is een vork tussen de koningin en de toren. Wit speelt koningin naar d2, waarna zwart veilig de toren kan slaan op h1.

50. Zwart kan loper naar b4 spelen, waarmee hij de koningin aan de koning pint. Wit kan de loper wel slaan met de a3 pion, maar verliest dan zijn toren op a1 aan de toren op a8. Doet wit dit niet, dan verliest wit de koningin. Die zelfde aanval om te pinnen werkt niet zonder de zwarte pion op e3: Na de pin op de koningin, kan wit de loper slaan. Als zwart dan terug slaat met de pion op de a kolom, kan de witte koningin zwart schaak zetten op e5. Zwart moet nu een extra zet doen: De koning verplaatsen of de koningin er tussen zetten. Als de koningin er

tussen komt slaan we die met onze koningin en wordt onze koningin daarna geslagen. Maar daarna kunnen we de zwarte toren op a8 veroveren met onze toren op a1. Verplaatst zwart de koning, dan pakken we ook de toren met onze toren. Zwart heeft dan nog wel de koningin, maar kan niet meer rokeren en de zwarte toren op h8 is lastig in het spel te brengen.

51.   Wit kan de koningin naar a8 spelen. De koning moet nu de schaak opheffen door weg te stappen, waarna de koningin de toren kan slaan. Als zwart aan de beurt is, is het nog goed te verdedigen. Er zijn drie goede mogelijkheden: Ten eerste kan 1 van de twee paarden naar d7 gaan, om naar b8 te gaan als de koningin naar a8 gaat. Een andere goede oplossing is de koning naar b8 zetten, dan kan de koningin ook niet naar a8. De toren naar d8 is ook een goede optie: de koning kan dan de toren beschermen.

52.   De witte koning is aan zet maar kan nergens meer naar toe. Tegelijk staat hij ook niet schaak. Het is daarom pat! Beiden hebben nu niet gewonnen, het is gelijkspel

53.   Koningin naar d8 is gelijk schaakmat.

54.   De witte koningin kan naar d7. De loper beschermd de velden boven en onder de koning. De andere koning beschermd de velden links. Als wit op dat moment promoveert na koningin naar d7, dan is het pat omdat de koningin alle velden rechts van de koning beschermd. De koning kan dan nergens heen, maar staat tegelijk ook niet schaak. Zwart moet dus een zet wachten met promoveren als wit de koningin naar d7 speelt en kan bijvoorbeeld de loper eerst naar een plek verder weg spelen.

55.   Zwart kan de koningin aanvallen met paard naar f5 of pion d4.

56. Bij pion d4 kan de koningin veilig naar van e3 naar d3 gaan. Dan is alles geblokkeerd. Je kunt dan niet de andere pion gebruiken om opnieuw druk uit te oefenen vanwege de loper op g2. Paard naar f5 geeft wel mogelijkheden voor meer druk. De koningin kan naar b3, maar met paard naar d4 kunnen we dan opnieuw druk uitoefenen: We dreigen met een vork op e2 tussen de koning en de toren. Dat moet wit dan verdedigen met koningin naar d1. Vervolgens met loper naar f8 kunnen we druk uitoefenen op de toren, die eigenlijk nergens veilig naar toe kan. Hij kan naar c7 en staat tijdelijk dan veilig en valt de loper op b7 aan, maar die kunnen we veilig naar a6 zetten. Door de druk die we bleven uitoefenen kunnen we nu de toren straks veroveren met loper naar d7, de toren heeft geen veilige velden meer en is in de val gelopen.

57. Wat zwart vooral niet moet doen (maar wellicht op het eerste gezicht wel de meest logische zet lijkt) is met zijn loper op d6 de loper op g3 slaan. Doe je dit, dan moet wit terugslaan met de f of h pion wat een dubbele pion op de g kolom oplevert, maar als wit dat dan doet met de h pion dan heeft wit ruime compensatie voor het nadeel van de dubbele pion op de g kolom. Er is namelijk een open h kolom ontstaan waar direct de toren staat. In combinatie met de andere loper, het paard en de koningin kan wit nu een sterke aanval op de h pion van zwart starten. In dit geval is de dubbele pion het dus niet waard. Maar omgekeerd kunnen we wel onze c kolom pion naar c5 zetten. Als wit deze slaat is er een dubbele, niet beschermde pion op de c kolom die we direct weer terug kunnen slaan met onze d6 loper. Wit heeft dus een duidelijk nadeel als het dit laat gebeuren, want het verliest dan controle over het centrum. Wit zal dus eerder iets als pion c3 spelen om de pion d4 te beschermen. We kunnen dan bijvoorbeeld onze c pion naar c4 zetten waarmee deze al gevaarlijk dicht in het witte territorium komt. Ook goede vervolg

mogelijkheden zijn om de druk tussen d4 en c5 nog even te laten bestaan en bijvoorbeeld koningin d6 te spelen (geeft druk op pion b2) of pion naar b6 te spelen om de c5 pion extra te beschermen. Mogelijk creëert dit in de toekomst wel een geïsoleerde a7 pion, maar als we in ruil daarvoor de controle over het centrum krijgen is dit het waard.

58. De zwarte speler heeft een groot probleem in zijn pionnenstructuur. Allereerst zijn er de dubbele pionnen op de c kolom. Maar ook nog eens driedubbele pionnen op de f kolom. Daarnaast zijn alle vier de pionnen eilanden geïsoleerd. Dat betekent dat ze alle vier niet meer door pionnen verdedigd kunnen worden. Hikaru Nakamura speelde met wit toren naar d7, een directe aanval op de c7 pion. Samuel gaf die pion op en speelde toren naar d6. Hij had de pion wellicht nog kunnen verdedigen door de andere toren naar b7 te spelen, maar daarmee is de voorste pion op c5 weer onverdedigd. Na pion b3 kan wit dan die voorste pion veroveren, terwijl de witte b kolom pion niet meer geslagen kan worden. Met toren e5 zou die c5 pion verdedigd kunnen worden, maar dan kan wit zijn koning er weer bij brengen. Ondertussen zijn beide torens dan bezet met het verdedigen van die twee pionnen, waardoor zij niets anders meer kunnen doen. Zwart kon dus niet anders dan die pion opgeven. Zwart had hier wellicht een pion meer en dus meer materiaal, maar de slechte pionnenstructuur zorgt toch voor een hele lastige positie om te verdedigen. Het duurde niet lang voordat wit een pion meer had dan zwart. Zwart kwam daarna al snel vast te zitten in een onmogelijke positie en gaf op.

59. Dit is een gesloten positie, elke speler is slechts één pion kwijt. In een gesloten positie kunnen de paarden over de pionnen heen springen terwijl lopers vastlopen. We kunnen dus het beste een paard veroveren ten koste van een loper. Loper e3 neemt paard c5 is daarom een goede zet.

60. We willen graag ook de andere loper inruilen voor een paard, zodat zwart geen paarden meer heeft. We spelen daarom loper b5. Het zwarte paard heeft nu geen andere veilige plekken meer dan h7, waar het totaal vast zou komen te staan. In de partij werd paard naar e8 gespeeld, wat ook volgens analyse met Stockfish (schaaksoftware) de beste zet is. De witte speler nam het paard direct met de loper, wetende dat hij met zijn twee paarden een groot voordeel zal hebben tegen de zwarte speler met twee lopers. Wit kon vanaf dat moment zijn paarden in het spel brengen en won de partij.

61. Als wit de pion op e4 slaat met de toren kan zwart met de koningin naar b1 gaan en wit schaak zetten, waardoor zwart daarna de toren kan slaan, zowel als die toren gebruikt wordt om de schaak te blokkeren als wanneer de koning verplaatst. Deze 'gratis pion' blijkt dus bij nader inzien een hoge prijs te hebben.

62. Als zwart de toren slaat, kan wit met het paard naar a6 de zwarte koning schaakmat zetten. Het beste dat zwart nog kan doen is ruimte maken voor de koning door de pion voor de koning naar a5 te zetten, zodat de koning wat ruimte krijgt. Wit kan dan nog een vork spelen met paard naar c6 en daarmee ook een toren veroveren en nadat zwart dan alsnog met de pion de toren slaat kan wit ook de f7 pion veroveren. Wit staat dan nog steeds flink in het voordeel, maar het is in elk geval nog niet schaakmat.

63. Als wit dezelfde stukken + een koningin heeft, heeft doorspelen meestal niet veel nut meer.In dit geval kan zwart echter wel de koningin slaan met de loper. Daarna kan wit echter de loper slaan met de toren. Dat betekent dat wit een loper en toren heeft tegenover een enkele toren van zwart. In principe kan wit door dit grote verschil beter opgeven, er is geen reeële kans

meer om te winnen. De loper kan voortdurend de toren opjagen en loper en toren samen kunnen de pionnen opvegen van de tegenstander. Hooguit als er met een klok gespeeld wordt en de witte speler heeft bijna geen tijd meer, zou dat een reden kunnen zijn om toch door te gaan.

64.   Deze positie bereikte ik in een spel tegen de Excalibur King Arthur schaakcomputer. De computer gaf niet op, maar zag zich wel genoodzaakt om zijn koningin te offeren om in het spel te blijven. Realistisch gezien was er hier geen kans meer voor zwart en zou wit beter kunnen opgeven. Computer geven echter nooit op dus ik had nog enkele extra zetten nodig om deze schaak mat te krijgen.

65.   De juiste zet is koning naar g3. Deze koning moet de losse pion gaan helpen, voordat de zwarte koning deze bereikt. Wat wit zeker niet moet doen, is de witte pion alvast naar voren spelen. De zwarte koning kan deze immers nog op tijd bereiken en kan de witte koning weghouden bij de achterste zwarte pion in dat geval. Als de zwarte koning achter de losse pion aan gaat, moet de witte koning achter de achterste zwarte pion aan gaan en de witte pin van de g kolom aan de overkant proberen te krijgen. Wit zal in dat geval met zorgvuldig spel zeker winnen. De witte pion moet dus niet gehaast in zijn eentje vertrekken, maar wachten tot de witte koning dichterbij is om hem te steunen dan wel de andere pionnen aan te vallen.

66.   We verdedigen met een eenvoudige pion: g6. Dit bedreigt de koningin en blokkeert tegelijk de aanval. Mocht je pion g4 gedacht hebben: dit bedreigt wel de loper, maar de koningin kan nog steeds op f7 schaakmat zetten. Het is dus zaak om de koningin te blokkeren, niet de loper weg te jagen. Met haar vervolg koningin naar f3 dreigt opnieuw een schaakmat op f7, maar we kunnen ons paard ervoor zetten op f6. Dit paard is

verdedigd door onze koningin, dus de witte koningin kan deze niet zomaar slaan. In de tussentijd zijn wij beter ontwikkeld: We hebben al twee paarden naar buiten en onze koningin is veilig. Voor zwart dreigt het gevaar dat we ons paard naar d4 brengen wat de koningin bedreigt en ook dreigt met de vork op c2 daarna. Wit moet dus erg voorzichtig spelen om niet in de problemen te komen en onderhand staat zwart er goed voor. De vroege aanval met de koningin is dus nadelig geweest voor wit.

67.   Met de linker toren Rad1 (of in het Nederlands Tad1), met de rechtertoren Rfd1 (of Tfd1).

68.   Het maakt weinig verschil met welk van de twee je slaat. Zowel N7xc5 als N3xc5 (in het Nederlands kun je de N vervangen door een P) is een goede zet. Computeranalyse laat zien dat N7xc5 licht de voorkeur heeft, maar als je N3xc5 speelt kun je nadat de pion terug gepakt heeft veilig paard naar a5 (Na5 oftewel Pa5) spelen. Het paard op de rand is iets zwakker theoretisch, maar het scheelt erg weinig. Het is een verwaarloosbaar verschil.

69. Een aantal voordelen: Gewenning aan de Engelse notitie maakt Engelstalige literatuur toegankelijker. Ook is het gemakkelijker mocht je ooit buitenlandse toernooien spelen. Het is gemakkelijker om Twitch en YouTube streamers te volgen, die meestal Engelstalige notitie gebruiken. Het is gemakkelijker om Engelstalige software te gebruiken. Ook zijn uitzendingen van schaaktoernooien gemakkelijker te volgen. Het is gemakkelijker communiceren met spelers van andere nationaliteiten, bijvoorbeeld op een internationaal forum van je favoriete schaak app.

5. Begrippenlijst

De volgende schaakbegrippen zijn belangrijk om te onthouden:

Aanvallen - Het verplaatsen van een stuk naar een veld waar het dreigt de volgende zet het andere stuk te slaan.

Clock Move - Methode waarbij het toegestaan is zetten te corrigeren totdat er op de klok gedrukt is. Tegengesteld aan "Touch move".

En passant - Slaan van een pion welke twee plaatsen vooruit beweegt met een pion waar deze naast beland. Zie hoofdstuk 1.8 - De pion.

Flankspelopening - opening waarbij men niet begint met de middelste pionnen, maar over de flank probeert aan te vallen.

Gambiet (Gambit) - schaakopening waarin een speler materiaal offert.

Gesloten positie - Positie met nog vrijwel alle pionnen op het bord. Zie Regel 25: Kies een open of gesloten positie.

Loperpaar - Combinatie van beide lopers voor beide veldkleuren. De combinatie van beide lopers biedt extra waarde.

Ontwikkeling - Het verplaatsen van de stukken vanaf hun uitgangspositie naar betere velden.

Open positie - Positie met weinig pionnen op het bord. Zie Regel 25: Kies een open of gesloten positie.

Opening - De eerste fase van het spel. Zie hoofdstuk 1.13: De 3 fases van het schaakspel.

Penning - Zie pin.

Pin - Het vastzetten van een stuk aan een stuk met meer waarde. Zie regel 21: Pas op voor pins en röntgenaanvallen.

Pionnenstructuur - De manier waarop de pionnen gestructureerd zijn. Bij een goede pionnenstructuur dekken de pionnen elkaar en zijn er geen dubbele pionnen op een kolom.

Positie - Een stelling op een schaakbord.

Promoveren - Het opwaarderen van een pion die de overkant bereikt heeft. Zie hoofdstuk 1.8 - De pion.

Rokeren - Speciale zet met toren en koning tegelijkertijd. Zie hoofdstuk 1.4 De toren.

Röntgen-aanval - Het aanvallen van een stuk met een lagere waarde via een stuk met meer waarde. Bijvoorbeeld een loper valt de koningin en de daarachter geplaatste toren aan. Zie regel 21: Pas op voor pins en röntgenaanvallen.

Schaak - Het aanvallen van de koning. Zie hoofdstuk 1.2 Doel van het spel

Schaakmat - Een aanval op de koning waarbij er voor de koning geen redding meer mogelijk is. Zie hoofdstuk 1.2 Doel van het spel

Slaan - Het veroveren van een ander stuk door diens positie in te nemen met een stuk. Het stuk van de andere speler verdwijnt dan van het speelveld. Zie hoofdstuk 1.2 Doel van het spel

Strategie - Doelbewuste poging om voordeel te behalen ten opzichte van je tegenstander door een plan. Strategie gaat in tegenstelling tot tactieken over de lange termijn.

Tactieken - Een zet of korte serie van zetten waarmee men een voordeel op de tegenstander behaald. In tegenstelling tot strategie gaat tactiek over de korte termijn. Voorbeelden zijn pins, röntgenaanvallen en vorken. Zie regel 20: Pas op een vork en regel 21: Pas op voor pins en röntgenaanvallen

Touch move - Methode waarbij het niet toegestaan is zetten te corrigeren. Zodra een stuk aangeraakt is dient hiermee gespeeld te worden en een losgelaten stuk is een definitieve zet. Tegengesteld aan "Clock move".

Vork - Het aanvallen van meerdere stukken tegelijkertijd met één stuk. Zie Regel 20: Pas op een vork.

Evenement: ____________

Witte speler: ____________

Zwarte speler: ____________

Datum: ____________

Opening: ____________

1. _______ _______	26. _______ _______	51. _______ _______
2. _______ _______	27. _______ _______	52. _______ _______
3. _______ _______	28. _______ _______	53. _______ _______
4. _______ _______	29. _______ _______	54. _______ _______
5. _______ _______	30. _______ _______	55. _______ _______
6. _______ _______	31. _______ _______	56. _______ _______
7. _______ _______	32. _______ _______	57. _______ _______
8. _______ _______	33. _______ _______	58. _______ _______
9. _______ _______	34. _______ _______	59. _______ _______
10. _______ _______	35. _______ _______	60. _______ _______
11. _______ _______	36. _______ _______	61. _______ _______
12. _______ _______	37. _______ _______	62. _______ _______
13. _______ _______	38. _______ _______	63. _______ _______
14. _______ _______	39. _______ _______	64. _______ _______
15. _______ _______	40. _______ _______	65. _______ _______
16. _______ _______	41. _______ _______	66. _______ _______
17. _______ _______	42. _______ _______	67. _______ _______
18. _______ _______	43. _______ _______	68. _______ _______
19. _______ _______	44. _______ _______	69. _______ _______
20. _______ _______	45. _______ _______	70. _______ _______
21. _______ _______	46. _______ _______	71. _______ _______
22. _______ _______	47. _______ _______	72. _______ _______
23. _______ _______	48. _______ _______	73. _______ _______
24. _______ _______	49. _______ _______	74. _______ _______
25. _______ _______	50. _______ _______	75. _______ _______

Winnaar:

□ Wit □ Remise □ Zwart

Handtekening wit:

____

Handtekening zwart:

____

Schaak notatieblad

Evenement: ___________

Witte speler: ___________

Zwarte speler: ___________

Datum: ___________

Opening: ___________

1. _______ _______
2. _______ _______
3. _______ _______
4. _______ _______
5. _______ _______
6. _______ _______
7. _______ _______
8. _______ _______
9. _______ _______
10. _______ _______
11. _______ _______
12. _______ _______
13. _______ _______
14. _______ _______
15. _______ _______
16. _______ _______
17. _______ _______
18. _______ _______
19. _______ _______
20. _______ _______
21. _______ _______
22. _______ _______
23. _______ _______
24. _______ _______
25. _______ _______

26. _______ _______
27. _______ _______
28. _______ _______
29. _______ _______
30. _______ _______
31. _______ _______
32. _______ _______
33. _______ _______
34. _______ _______
35. _______ _______
36. _______ _______
37. _______ _______
38. _______ _______
39. _______ _______
40. _______ _______
41. _______ _______
42. _______ _______
43. _______ _______
44. _______ _______
45. _______ _______
46. _______ _______
47. _______ _______
48. _______ _______
49. _______ _______
50. _______ _______

51. _______ _______
52. _______ _______
53. _______ _______
54. _______ _______
55. _______ _______
56. _______ _______
57. _______ _______
58. _______ _______
59. _______ _______
60. _______ _______
61. _______ _______
62. _______ _______
63. _______ _______
64. _______ _______
65. _______ _______
66. _______ _______
67. _______ _______
68. _______ _______
69. _______ _______
70. _______ _______
71. _______ _______
72. _______ _______
73. _______ _______
74. _______ _______
75. _______ _______

Winnaar:
□ Wit □ Remise □ Zwart

Handtekening wit:
____

Handtekening zwart:
____

*Maak een kopie van deze pagina's en druk die af
om gemakkelijk elke partij te kunnen noteren.*